DEUTSCH ALS FREMDSPRACH

Daniela Niebisch

Schritte plus 5
6

Intensivtrainer

Niveau B1

MARTA CERVERA

Hueber Verlag

Quellenverzeichnis

Seite 6: © picture-alliance/dpa
Seite 8: © Alexander Keller, München
Seite 13: © Gisela Specht, Weßling
Seite 14: © fotolia/Tarzoun
Seite 15: © MHV-Archiv
Seite 16: oben © fotolia/Georgiy Pashin; unten © fotolia/Lars Christensen
Seite 20: © PantherMedia/BefishImages
Seite 26: © BananaStock
Seite 27: © Colourbox
Seite 29: © Thomas Spiessl, München
Seite 34: © Alexander Keller, München
Seite 35: oben © iStockphoto/Pinopic, unten © Gisela Specht
Seite 39: oben © iStockphoto/Claudiad; unten © iStockphoto/icyimage
Seite 44: © Alexander Keller, München
Seite 46: © iStockphoto/UygarGeographic
Seite 52: © Werner Bönzli, Reichertshausen
Seite 60: © PanterMedia/Angelika Bentin
Seite 61: Eingangstür: © PantherMedia/Steffen Spitzner; Hammer: © iStockphoto/Diego Novelli; Schwein:
      © PantherMedia/Marc Tilly; Zwerg: © PantherMedia/leyka1
Seite 66: © iStockphoto/SteveLuker
Seite 69: © Alexander Keller, München
Seite 72: © irisblende.de

Alle weiteren Illustrationen: © Jörg Saupe, Düsseldorf

Das Werk und seine Teile sind urheberrechtlich geschützt.
Jede Verwertung in anderen als den gesetzlich zugelassenen
Fällen bedarf deshalb der vorherigen schriftlichen Einwilligung
des Verlags.

Hinweis zu § 52a UrhG: Weder das Werk noch seine Teile
dürfen ohne eine solche Einwilligung überspielt, gespeichert
und in ein Netzwerk eingespielt werden. Dies gilt auch für
Intranets von Firmen, Schulen und sonstigen Bildungseinrichtungen.

Eingetragene Warenzeichen oder Marken sind Eigentum des
jeweiligen Zeichen- bzw. Markeninhabers, auch dann, wenn
diese nicht gekennzeichnet sind. Es ist jedoch zu beachten,
dass weder das Vorhandensein noch das Fehlen derartiger
Kennzeichnungen die Rechtslage hinsichtlich dieser
gewerblichen Schutzrechte berührt.

4.   3.   2. | Die letzten Ziffern
2019 18 17 16 15 | bezeichnen Zahl und Jahr des Druckes.
Alle Drucke dieser Auflage können, da unverändert,
nebeneinander benutzt werden.
1. Auflage
© 2011 Hueber Verlag GmbH & Co. KG, 85737 Ismaning, Deutschland
Umschlagfoto: MEV
Layout: Schack, Ismaning
Satz: Büro Sieveking · Agentur für Kommunikation, München
Druck und Bindung: Himmer AG, Augsburg
Printed in Germany
ISBN 978-3-19-201915-9

Art. 530_05437_001_02

Inhalt

Schritte plus 5

Schritte plus 6

1 **Erinnern Sie sich an „Hans im Glück"? Ergänzen Sie in der richtigen Form.** 12 (24 x 0,5) Punkte

a Eines Morgens ....*ging*.......... (gehen) Hans zu seinem Meister, denn er ...*wollte*...... (wollen) wieder nach Hause. Der Meister ...*war*......... (sein) sehr zufrieden mit ihm und ..*schenkte*. (schenken) ihm ein Stück Gold.

b Unterwegs ...*traf*...... (treffen) Hans einen Reiter: „Reiten! Das würde ich auch gern." Er ...*gab*......... (geben) dem Reiter sein Gold und ..*bekam*... (bekommen) dafür das Pferd. „Ich habe aber Glück!", ...*dachte*....... (denken) Hans.

c Dann aber ....*sah*........ (sehen) er einen Bauern mit seiner Kuh. „Oh, so eine Kuh ist viel besser als ein Pferd." Und so .*tauschte*.. (tauschen) er sein Pferd gegen die Kuh.

d Am Mittag .*begegnete* (begegnen) Hans einem Metzger. „Oh, so ein Schwein ist viel besser als eine Kuh", ..*sagte*....... (sagen) Hans. Und er ...*hatte*..... (haben) wieder Glück und ..*durfte*...... (dürfen) tauschen.

e Am Nachmittag ...*erzählte*. (erzählen) Hans einem Mann mit einer Gans von seinem Glück: wie er das Pferd für das Gold, die Kuh für das Pferd und das Schwein für die Kuh bekommen hatte. Sofort ....*bot*.......... (bieten) ihm der Mann die Gans an. „Ach, das ist aber nett", ...*freute*..... (freuen) sich Hans.

f Gegen Abend ...*traf*.......... (treffen) Hans einen Messerschleifer. Dieser ...*zeigte*..... (zeigen) Hans einen Stein: „Ich mache Messer scharf und verdiene viel Geld. Ich kann mir jeden Tag eine Gans kaufen." Und Hans ...*fand*........ (finden) die Gans nicht mehr interessant und ...*nahm*..... (nehmen) lieber den Stein. „Ist das nicht wunderbar? Jetzt bin ich Messerschleifer und werde reich."

g An einem See ...*machte*... (machen) Hans Pause und ..*stellte*..... (stellen) den Stein auf den Boden. Aber der Stein ...*fiel*....... (fallen) ins Wasser. „Na, prima!", ...*rief*.......... (rufen) Hans. „Jetzt muss ich ihn nicht mehr tragen." Und er ...*lief*... (laufen) fröhlich weiter.

LERN TIPP

Schwierige Texte, schwierige Übungen

Kennen Sie das? Eine Übung ist sehr schwierig für Sie, und Sie können sie nicht lösen. Auch die Lösungen im Lösungsschlüssel helfen Ihnen nicht. Oder ein Lese- oder Hörtext kommt Ihnen so schwer vor, dass Sie „nur Bahnhof verstehen". Ein Tipp: Lassen Sie die Übung oder den Text ein paar Tage oder Wochen liegen und versuchen Sie es später noch einmal. Na, wie klappt es jetzt? Sicher schon viel besser!

Übrigens: Den Ausdruck „nur Bahnhof verstehen" finden Sie in jedem guten Wörterbuch.

LERN TIPP

2 **Ergänzen Sie *wenn* oder *als*.** 6 Punkte

a ...._Als_........ Nasseer einen Ausflug zum See machte, kamen plötzlich dunkle Wolken.

b Aber er hatte schon als Kind nie Angst, ..._wenn_............ es ein Gewitter gab. → _Tolmeute_

c ......_Wenn_........ Nasseer abends nach Hause fährt, nimmt er meistens Maja in seinem Auto mit.

d Aber ...._als_............ sie wieder einmal zusammen nach Hause fuhren, lief plötzlich ein Mann vor das Auto.

e Nasseer konnte gerade noch bremsen, und ...._als_............. Maja aus dem Auto ausstieg, war der Mann schon weg.

f Zum Glück hatte Nasseer seinen Schutzengel dabei, wie immer, ..._wenn_........... er Auto fährt.

3 **So ein Pech! Was war passiert? Ergänzen Sie in der richtigen Form.** 4 Punkte

a Meine Freundin redete eine Woche lang nicht mit mir, weil mein Hund sie ins Bein ..._gebissen hatte_... (beißen).

b Herr Brunner ärgerte sich sehr über sich selbst, weil er sich auf seine Brille _gesetzt hatte_ (setzen).

c Tobias und seine Freunde mussten 100 Euro zahlen, weil ihr Fußball einen Autospiegel _getroffen hatte_ (treffen).

d Tante Elli war sehr böse, weil Tina und Tom so wild _gespielt hatten_ (spielen) und ihre <u>kostbare</u> Vase kaputt _gemacht hatten_ (machen).
     = teuer

GRAMMATIK: 12 (24 x 0,5) + 6 + 4 = 22 Punkte

Ich: __ + __ + __ = __ Punkte

4 **Was passt? Ergänzen Sie.** 6 Punkte

    r   s   e   r
Einbrecher ● Glück ● Pech ● Polizei ● Schaden ● Schutzengel

a Oje, mein neues Kleid! Den _Schaden_... musst du mir aber bezahlen.

b Das Kind lief über die Straße, als ein Auto kam. Aber es hatte einen _Schutzeng_: Der Fahrer konnte noch bremsen.

c Der _Einbrecher_ hat meinen ganzen Schmuck mitgenommen.

d Gestern hatte ich wirklich ..._Pech_......: Zuerst stand ich ewig im Stau, dann hatte ich auch noch eine <u>Autopanne</u>. Pinckese

e Nach zwei Stunden Suche habe ich meinen Haustürschlüssel wiedergefunden. So ein _Glück_...!

f Die ..._Polizei_.... konnte den frechen Dieb endlich festnehmen.

            = böse = impertreute, insoleute
          respektlos

WORTSCHATZ: 6 Punkte

Ich: __ Punkte

5 Lesen Sie und kreuzen Sie an: richtig oder falsch?   9 Punkte

Glück und Unglück

Ihr Leben lang suchte sie nach Anerkennung, beruflichem Erfolg, Liebe, Glück und Ruhe. Erfolg und Tragödie zogen sich durch das Leben von Schauspielerin Romy Schneider.

Romy Schneider wurde 1938 in Wien geboren. Schon früh lebte sie ein öffentliches Leben. Bereits mit 14 Jahren spielte sie in ihrem ersten Film. Der erste große Erfolg kam 1955 mit *Sissi*, einem Film über das Leben von Kaiserin Elisabeth von Österreich, genannt Sissi. Der Film wurde ein großer Erfolg, 1956 und 1957 folgten zwei weitere *Sissi*-Filme. Die junge Romy Schneider war plötzlich ein Star. Aber das Sissi-Image machte sie unglücklich. Sie wollte andere Filme drehen. 1958 bekam sie ein Angebot aus Frankreich, sie sagte sofort Ja. Bei den Dreharbeiten lernte Romy Schneider Alain Delon kennen und verliebte sich in ihn. 1959 zog sie nach Paris zu Delon. Die erste Zeit in Paris war nicht leicht für Romy Schneider, denn sie bekam keine Filmangebote. Doch als sie 1961 in einem Theaterstück mitspielte, begann eine erfolgreiche Zeit. Romy Schneider spielte und spielte – und das Publikum war begeistert.

Beruflich hatte Romy Erfolg, anders war es in ihrem Privatleben. Alain Delon verließ sie 1964 wegen einer anderen Frau. Romy suchte Trost bei dem Regisseur und Schauspieler Harry Meyen. 1966 heirateten sie, im selben Jahr wurde Sohn David geboren. Romy Schneider war glücklich, Mutter zu sein. Zwei Jahre genoss sie das private Glück. 1968 startete sie mit dem Film *Der Swimmingpool* ihr Comeback. Der Film wurde ein großer Erfolg, und für

Romy Schneider begann die erfolgreichste Zeit als Filmschauspielerin. Aber für ihren Erfolg musste sie im Privatleben bezahlen: 1975 ließ Romy Schneider sich von Harry Meyen scheiden. Im selben Jahr heiratete sie ihren Sekretär, Daniel Biasini. Tochter Sarah wurde zwei Jahre später geboren.

Doch dann verließ das Glück Romy Schneider völlig. 1981 wurde ein Katastrophenjahr für die Schauspielerin: Die Ehe mit Daniel Biasini wurde geschieden, Romy Schneider hatte eine schwere Nierenoperation und Probleme mit dem Finanzamt, und schließlich verlor sie ihren Sohn David durch einen Unfall. Romy Schneider erholte sich nicht mehr von diesem Schock. Sie nahm Schlaf- und Beruhigungsmittel. Im Mai 1982 starb sie mit nur 43 Jahren – wahrscheinlich an Herzversagen nach zu vielen Medikamenten und Alkohol. In Wirklichkeit aber an gebrochenem Herzen, sagen viele. Bis heute ist das Interesse groß an dieser besonderen Frau und an ihrem Leben voll Glück und Schmerz.

		richtig	falsch
a	Romy Schneider war Französin.	☐	☐
b	Schon als Jugendliche hatte sie Erfolg als Schauspielerin.	☐	☐
c	Nach drei *Sissi*-Filmen hatte sie genug von Sissi.	☐	☐
d	In Paris hatte sie zuerst keinen Erfolg.	☐	☐
e	Sie heiratete den Schauspieler Alain Delon.	☐	☐
f	Sie hatten zusammen zwei Kinder.	☐	☐
g	Sohn David starb als Jugendlicher bei einer Operation.	☐	☐
h	Sie starb nur circa ein Jahr nach ihrem Sohn.	☐	☐
i	Der Grund für ihren Tod war eine Herzkrankheit.	☐	☐

LESEN: 9 Punkte

Ich: __ Punkte

Hören

6 Ein Radiointerview

TRACK
2–4

1 + 2 + 3 (6 x 0,5) = 6 Punkte

a Hören Sie den Anfang (Track 2) und markieren Sie: Was ist das Thema?

Pessimistische Deutsche ● USA ● Glück

b Hören Sie jetzt Track 3 und kreuzen Sie an: richtig oder falsch?

	richtig	falsch
Das Wort „Glück" beschreibt ein einziges Gefühl.	☐	☐
In anderen Sprachen gibt es mehrere Wörter für „Glück".	☐	☐

c Hören Sie Track 4 und notieren Sie: Welche Tipps gibt der Experte?

Zeit mit anderen verbringen ● einen neuen Verein gründen ● sich mit Hobbys beschäftigen ●
Ziele haben ● sich viel bewegen ● sich entspannen ● nach Asien reisen ●
ein Glückstagebuch schreiben ● viele kleine Dinge kaufen

Die Leute sollen …

....

....

....

....

....

....

HÖREN: 6 Punkte

Ich: __ Punkte

PAUSE

Lesen Sie die Wendung und kreuzen Sie an: Was ist richtig?

Jeder ist seines Glückes Schmied.

☐ Jeder ist für seinen Erfolg und sein Glück selbst verantwortlich.

☐ Jeder kann sein Glück kaufen.

7   **Spannend erzählen. Ergänzen Sie.**   8 Punkte

erinnerst du dich ● Stell dir vor ● Eigentlich ● Du glaubst nicht ● ich muss dir ● Und da ●
ist nichts passiert ● Plötzlich

Mensch, Giovanni, ... eine unglaubliche Geschichte erzählen. Ich
bin doch gestern mit Nasseer nach Hause gefahren, ...? Also, er hat
im Auto so einen kleinen Schutzengel. Ich habe ihn gefragt, ob er etwa an Schutzengel
glaubt. .... hat er mir eine Geschichte erzählt, wie ihn sein Schutzengel bei einem Gewitter gerettet hat. .... glaube ich ja nicht an so
was. Aber Nasseer war so mit seiner Geschichte beschäftigt, dass er nicht aufgepasst hat.
.... war da ein Mann. ...., er ist einfach über die Straße
gelaufen. So ein Schreck! Zum Glück ...., wie froh ich
war, als ich zu Hause war.

SPRECHEN: 8 Punkte

Ich: __ Punkte

8   **Eine Kurzmeldung: Ergänzen Sie.**   3 (6 x 0,5) Punkte

Polizeistation ● Polizisten ● Unterhose ● Fahrerflucht ● Samstagabend ● 48-jährigen Mann

Ein Anruf zur falschen Zeit und ein Klingeln am falschen Ort haben
am .... einen Handydieb in Schwierigkeiten gebracht.   **Wann?**
.... hatten den .... festgenommen   **Wer?**
und auf die .... gebracht, weil er bei einem   **Wo?**
Unfall .... begangen hatte. Plötzlich klingelte ein   **Was passierte?**
Handy. Wie die Polizei berichtete, fanden die Polizisten das Handy
in seiner .... Es war offenbar gestohlen.   **Warum passierte das?**

9   **Schreiben Sie die Kurzmeldung in zwei Sätzen.**   6 Punkte

wieder ausziehen ● 100 Jahre alte Frau ● Köln ● Altersheim ● zu viele alte Leute ●
sechs Wochen nach ihrem Einzug ins Altersheim

Eine ....
Ihrer Meinung nach ....

SCHREIBEN: 3 +   6 = 9 Punkte

Ich: __ + __ = __ Punkte

60–55:	54–49:	48–43:	42–37:	36–31:	30–0:	**Meine Punkte:**
Super!	Sehr gut!	Gut.	Es geht.	Noch nicht so gut.	Ich übe noch.	_____

Noch mehr Übungen finden Sie unter http://www.hueber.de/schritte-plus → Lernen

Grammatik

1 **Fernsehgewohnheiten. Schreiben Sie Sätze mit _obwohl_.** 5 Punkte

a Willi sieht sich um 22 Uhr die Nachrichten an. Er hat um 20 Uhr schon Nachrichten gesehen.

b Er sieht sich alle Sportsendungen an. Er ist selbst gar nicht sportlich.

c Er mag Liebesfilme überhaupt nicht. Trotzdem leiht er für seine Frau „Pretty Woman" aus der Videothek aus.

d Er will abends früh ins Bett gehen. Trotzdem sitzt er meistens bis Mitternacht vor dem Fernseher.

e Er ist von der Arbeit immer sehr müde. Trotzdem ist er noch nie vor dem Fernseher eingeschlafen.

f Er mag das Kinderprogramm am Sonntagvormittag. Er hat keine Kinder.

a) Willi sieht sich um 22 Uhr die Nachrichten an,
obwohl er um 20 Uhr schon Nachrichten gesehen hat.

e) Obwohl er von de Arbeit immer sehr müde ist ist er noch nie vor dem Fernsehe eingeschlafe

2 **Ergänzen Sie.** 5 Punkte

a Nasseer bringt die Pizza, _die_ Herr Dröning bestellt hat. AKK

b Herr Dröning glaubt, dass Nasseer der Pizzamann ist, _der_ vor einer Woche schon da war. Sein + No wird

c Herr Dröning ist ein Schlagersänger, _der_ in den 60er- und 70er-Jahren berühmt war. (.. +) No wirth

d Er hat Lieder gesungen, _die_ in Deutschland damals jeder kannte. AKK

e Er singt Nasseer das Lied vor, _das_ sein größter Erfolg war. Nominat

f Zum Schluss schenkt er Nasseer eine Autogrammkarte, _die_ dieser an Maja weiterschenken will. AKK

3 **Schreiben Sie die Sätze zu Ende.** 5 Punkte

a Er sieht so gut aus. → Ich bin ihm auf Katrins Party begegnet. → Er hat mich ins Kino eingeladen.

● Siehst du den Mann da drüben?

▲ Meinst du den Mann, _der so gut aussieht_ ?

● Ja, genau. Das ist der Mann, _dem ich auf Katrins Party begegnet bin_ (dativ)
_____ und _der mich ins Kino eingeladen hat_ (nom).

b Ich wollte sie so gern wiedersehen. → Sie hat mir in ihrem Sommerkleid so gut gefallen.
→ Ich habe ihr einen Kino-Gutschein geschenkt.

● Da ist sie ja!

▲ Wer?

● Na, die Frau, _die ich so gern wiedersehen wollte_ (nom).

X Du weißt schon! Die Frau, _die mir in ihrem Sommerkleid so gut gefallen hat_ (nom)
X _____ und _der ich einen Kino-Gutschein geschenkt habe_ (dativ).

GRAMMATIK: 5 + 5 + 5 = 15 Punkte

Ich: __ + __ + __ = __ Punkte

9 LEKTION 2

Wortschatz

[handwritten top margin:]
r Krimi, -e : novela policiaca
r Kriminalroman /(Liebesroman = romanticas
r Kriminalfilm   biografie

[handwritten:] ein und halb

→ pag 23. B1

4   **Was passt? Kreuzen Sie an.**   4 (8 x 0,5) Punkte

[handwritten ✓] **a** ● Das war ☒ wirklich ☐ total   ein tolles Konzert.

[handwritten ✓]   ▲ Findest du? Also, mir hat es ☐ echt ☒ gar nicht   gefallen.

[handwritten ✗] **b** ● *1 ½ Ritter* ist ein ☒ überhaupt ☒ echt   lustiger Film von Til Schweiger.

[handwritten ✓]   ▲ Hm. Ich mag lustige Filme ☐ ziemlich ☒ überhaupt   nicht.

[handwritten ✗] **c** ● Du, dieser Krimi ist ☒ besonders ☒ nicht so spannend. Den musst du lesen!

[handwritten ✓]   ▲ Ich weiß nicht. Ich finde Krimis ☐ besonders ☒ nicht besonders   interessant.

[handwritten ✓] **d** ● Puh! Das Fußballspiel war aber heute ☐ nicht besonders ☒ ziemlich   langweilig.

[handwritten ✓]   ▲ Du hast recht. Die Spieler waren heute ☐ gar nicht ☒ wirklich   langsam.

5   **Ergänzen Sie.**   4 Punkte

Politmagazinen ● Serien ● Komödien ● Zeichentrickfilme

[handwritten above:] regelmäßig   r Folge episodia / capítulos

a ....*Serien*................................. kommen regelmäßig und haben viele Folgen.

b ....*Zeichentrickfilme*........ bestehen aus vielen fotografierten Zeichnungen.

c ....*Komödien*........ (e Komödien) sind lustige Filme oder Theaterstücke.

d In .....*Politmagazinen*................................... wird über aktuelle politische Themen kritisch berichtet.

[handwritten:] berichten: informar, reportar
narrar, contar, comunicar, in
erzählen
r Bericht, r Report

6   **Wie kann man auch sagen? Ordnen Sie zu.**   4 Punkte

a Das Opfer ist tot. *[víctima]* —— Er lügt. *[ledför]*

b Er sagt nicht die Wahrheit. —— Er hat das Verbrechen begangen.

c Er ist Zeuge. *[verdad]* —— Das Opfer lebt nicht mehr.

d Er ist der Täter. —— Er ist ein Dieb. *[empujado]*

e Er hat etwas gestohlen. —— Er hat die Tat beobachtet.

[handwritten:]
(autor del delito)
r Täter ⟺ s Opfer
lügen, log, hat gelogen = mentir

r Zeuge = testigo
e Zeugin = la testiga
e Tat = hecho, accion, acto

WORTSCHATZ: 4 + 4 + 4 = 12 Punkte
Ich: __ + __ + __ = __ Punkte

LERN TIPP

Mit Büchern lernen

Lesen Sie viel auf Deutsch! Sie lernen dabei nicht nur neue, interessante Wörter kennen, sondern stellen bald fest, dass Sie immer besser ohne Wörterbuch lesen können und trotzdem (fast) alles verstehen. Und wenn man viel zu einem Thema weiß, ist eine Geschichte leicht zu verstehen. Überlegen Sie: Welche Wörter sind typisch für Kriminalromane? *Mörder, Kommissar, Tod* ... Welche anderen Wörter finden Sie?

LERN TIPP

[handwritten bottom:]
r Täter | – r Dieb
        | – r Verbreche
        | – r Mörder

7 **Lesen Sie und kreuzen Sie an: richtig oder falsch?** 5 Punkte

Deutschlandreise mal anders

Lieben Sie Krimis? Und reisen Sie gern? Dann können Sie beide Hobbys verbinden. Beate Dittert über eine Spezialität der deutschsprachigen Kriminalliteratur: die Regionalkrimis.

Egal, ob Sie nach Köln, an die Nordsee oder ins bayerische Allgäu reisen: In den Buchhandlungen finden Sie mit Sicherheit Krimis, die in dieser Region spielen. Ihr Rezept: ein Verbrechen, ein Kommissar und Lokalkolorit. Die genaue Beschreibung von Orten und Menschen machen den regionalen Charakter dieser Krimis aus. Manchmal sprechen die Kommissare sogar Dialekt.

Heute gibt es einen richtigen Krimitourismus. Angefangen hat das mit den Kriminalromanen von Jacques Berndorf, die in der Eifel spielen. Seine Fans reisen in die Eifel und suchen die Orte aus den Büchern – die es wirklich gibt. Und wer die Krimis von Sandra Lüpkes liest, die auf der ostfriesischen Insel Juist aufgewachsen ist, bekommt einen guten Eindruck vom Alltag an der Nordsee. Auch in Österreich und in der Schweiz gibt es Regionalkrimis. Die spielen zum Beispiel im Weinviertel, in Salzburg oder Wien, in Zürich oder Genf.

Viele Autoren mögen die Bezeichnung „Regionalkrimi" nicht. „Schließlich würde man die weltberühmten Krimis des schwedischen Autors Henning Mankell auch nicht als Ystad-Krimis bezeichnen", argumentieren sie. Aber: Regionale Atmosphäre hat in deutschsprachigen Krimis Tradition – auch im Fernsehen. Der *Tatort* ist die älteste Krimireihe im deutschsprachigen Raum. Seit 1970 ermitteln Kommissare in fast allen großen Städten Deutschlands und in Wien (früher auch in Bern). Die Themen sind oft gesellschaftspolitisch. Zum Konzept gehört das Lokalkolorit: Die regionalen Besonderheiten der Stadt oder Region, in der die Krimis spielen, sollen auf jeden Fall vorkommen. Beliebt waren in Hamburger *Tatorten* zum Beispiel die St.-Pauli-Landungsbrücken. Im Kölner *Tatort* wird in der Schlussszene immer wieder der Kölner Dom gezeigt.

		richtig	falsch
a	In Regionalkrimis werden bestimmte Orte genau beschrieben.	☒	☐
b	Regionalkrimis gibt es nur in Deutschland.	☐	☒
c	Der *Tatort* ist eine beliebte Buchreihe.	☒	☒
d	Im *Tatort* geht es häufig um politisch wichtige Themen.	☒	☐
e	Regionale Besonderheiten einer Stadt werden im *Tatort* gezeigt.	☒	☒

aber Krimireihe

8 **Lesen Sie noch einmal genau und kreuzen Sie an: Was bedeutet der Ausdruck?** 4 Punkte

a Die Beschreibung von Orten und Menschen macht den Regionalkrimi aus.

☐ Die Beschreibung von Orten und Menschen ist typisch für einen Regionalkrimi.

☒ Die Beschreibung von Orten und Menschen macht den Regionalkrimi so erfolgreich.

b Man bekommt einen guten Eindruck vom Alltag an der Nordsee.

☐ Man bekommt viel Sympathie für die Menschen an der Nordsee.

☒ Man erfährt recht viel über den Alltag an der Nordsee.

c Man bezeichnet Mankells Krimis nicht als Ystad-Krimis.

☐ Man hält Mankells Krimis nicht für Ystad-Krimis.

☐ Man nennt Mankells Krimis nicht Ystad-Krimis.

d Seit 1970 ermitteln Kommissare in fast allen Städten.

☐ Seit 1970 untersuchen Kommissare in fast allen Städten Verbrechen.

☐ Seit 1970 spielen Kommissare aus fast allen Städten in der *Tatort*-Reihe mit.

LESEN: 5 + 4 = 9 Punkte

Ich: __ + __ = __ Punkte

9 **Hören Sie und kreuzen Sie an: Was ist richtig?**   5 Punkte

TRACK
5

a Programmkinos zeigen   ☐ Blockbuster, die für ein breites Publikum gemacht sind.   ☐ besondere Filme, die eine interessante Geschichte erzählen.

b Eine Kinodisponentin   ☐ wählt die Filme aus, die das Kino zeigen will.   ☐ zeigt die Filme im Kino.

c Das Problem von kleinen Kinos ist, dass   ☐ viele Leute Filme lieber zu Hause auf DVD anschauen. ☐ die Eintrittskarten immer teurer werden.

d ☐ Man muss gute Ideen haben,   ☐ Man muss viel Werbung machen,   wenn die Leute ins Kino kommen sollen.

e ☐ Große Kinos   ☐ Kleine Kinos   haben nicht so viele Schwierigkeiten.

HÖREN: 5 Punkte
Ich: __ Punkte

10 **Was bedeutet das Gleiche? Ordnen Sie zu.**   5 Punkte

a Das ist schon möglich.   Das kommt für mich nicht infrage.

b Das ist kein guter Vorschlag.   Lasst uns das doch machen.

c Wie wäre es, wenn wir das machen würden?   Das kann schon sein.

d Da hast du völlig recht.   Das ist keine gute Idee.

e Das möchte ich wirklich nicht.   Genau! Das stimmt.

11 **Schreiben Sie das Gespräch.**   8 Punkte

~~Wir könnten doch heute Abend ins Theater gehen.~~ ● Aber es kommt ein total lustiges Theaterstück. Das gefällt dir bestimmt. ● Also, ich finde, wir sollten zu Hause bleiben, wenn wir uns nicht einigen können. ● Du weißt doch, dass ich Theater nicht mag. ● Ein alter Krimi. ● Gut, einverstanden. Was kommt denn im Fernsehen? ● Na und? Ein guter Actionfilm ist doch viel besser als ein langweiliges Theaterstück. ● Nein, das kommt für mich nicht infrage. Ich würde lieber ins Kino gehen. ● Ph! Ins Kino! Wie langweilig. Ins Kino gehen wir doch immer.

● *Wir könnten doch heute Abend ins Theater gehen.* ....

▲ ....

● ....

▲ ....

● ....

▲ ....

● ....

▲ ....

● ....

SPRECHEN: 5 + 8 = 13 Punkte
Ich: __ + __ = __ Punkte

Schreiben

Lesen Sie. Was ist richtig? Kreuzen Sie an.

☐ Der Mann will das Bad putzen, weil er die Frau so liebt.

☐ Die Frau ist ziemlich unordentlich. Trotzdem liebt der Mann sie.

12

TRACK
6

Diktat. Hören Sie und schreiben Sie. Achten Sie auf -ig, -ich, -isch. 6 Punkte

a *Die Musik war fantastisch, aber der Sänger war echt unfreundlich.*

b ....

c ....

d ....

e ....

f ....

g ....

SCHREIBEN: 6 Punkte

Ich: ___ Punkte

 60–55: Super!   **54–49:** Sehr gut!   **48–43:** Gut.   **42–37:** Es geht.   **36–31:** Noch nicht so gut.   **30–0:** Ich übe noch.   **Meine Punkte:** _____

Noch mehr Übungen finden Sie unter http://www.hueber.de/schritte-plus → Lernen

Grammatik

1 Naturkosmetik. Ergänzen Sie *des, der, eines*. 7 Punkte

a Die Gruppe .... Käufer von Naturkosmetik wächst von Jahr zu Jahr.

b Am Beginn .... Erfolgs standen kleine Kosmetikfirmen, die Pflegeprodukte für echte „Ökos" herstellten.

c Heute kann man die Produkte .... größten Herstellers von natürlichen Körperpflege-produkten in jedem Drogeriemarkt kaufen.

d Aber was ist Natur? Wie viel Prozent .... Inhaltsstoffe müssen wirklich natürlich sein?

e Für die Herstellung .... Liters Rosenöl braucht man vier Tonnen Rosenblätter.

f Bei so einer Menge gibt es natürliche Grenzen für das Wachstum .... Naturkosmetik-Marktes.

g Natürliche Kosmetik zur Pflege .... Haut kann aber auch ganz leicht selbst hergestellt werden, zum Beispiel eine einfache Gesichtscreme.

2 Schreiben Sie die markierten Sätze neu. 5 Punkte

Joggen – aber richtig

Vor dem Training sollte man den Körper immer aufwärmen. Denn: Beim Trainingsbeginn ist der Körper mit einem kalten Motor vergleichbar. Deshalb muss man ihn erst auf die richtige Temperatur bringen. Man sollte immer mit einem leichten Warmlaufen beginnen. Zehn Minuten sind genug. Man kann auch ein paar Übungen zur Lockerung des Körpers machen. Dann geht es auch schon los mit dem Joggen. Laufen und gehen Sie abwechselnd, wenn Sie noch Anfänger sind. Nach dem Joggen sollte man die Muskeln durch Schütteln und Springen locker machen. Das kann gern aussehen wie bei einem Boxer: Schultern rollen, Oberkörper um die eigene Achse drehen, mit den Beinen in die Luft treten. Nach dem Training kann man den Körper auch mit sanften Dehnungen entspannen. Vorsicht: nicht über die Schmerzgrenze gehen!

a .... *aufgewärmt* ....

b ....

c *Es sollte immer mit einem leichten Warmlaufen begonnen werden.* ....

d *Es* ....

e ....

f ....

GRAMMATIK: 7 + 5 = 12 Punkte

Ich: __ + __ = __ Punkte

3 **Was passt? Ordnen Sie zu.** 5 Punkte

a ein Medikament ——————— nehmen

b Tabletten abnehmen

c die Wunde röntgen

d den Blutdruck anwenden

e drei Kilo behandeln

f das Knie messen

4 **Ergänzen Sie.** 5 Punkte

atmen ● entspannen ● erkältet ● ernähren ● impfen ● niesen

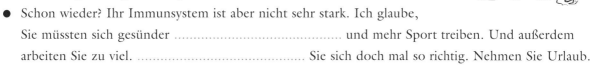

● Oje, Herr Wagner. Was ist denn mit Ihnen los? Sie husten und

.... ja pausenlos.

▲ Ach. Mir geht es gar nicht gut. Ich habe mich *erkältet* ....

● Schon wieder? Ihr Immunsystem ist aber nicht sehr stark. Ich glaube,

Sie müssten sich gesünder .... und mehr Sport treiben. Und außerdem

arbeiten Sie zu viel. .... Sie sich doch mal so richtig. Nehmen Sie Urlaub.

▲ Na ja, ich weiß nicht. Ich glaube, ich habe einfach eine richtige Grippe. Vielleicht sollte ich mich

nächstes Jahr gegen Grippe .... lassen.

● Hier: Jetzt nehmen Sie erst mal diese Eukalyptusbonbons. Die sind gut für Hals und Brust.

Da können Sie gleich viel leichter ....

WORTSCHATZ: 5 + 5 = 10 Punkte
Ich: __ + __ = __ Punkte

Machen Sie beim Lernen und Üben kleine Pausen und bewegen Sie sich. Dafür müssen Sie nicht einmal aufstehen. Ihr Gehirn hat danach wieder mehr Sauerstoff und das Lernen klappt viel besser.

Zur Entspannung des Nackens drehen Sie den Kopf abwechselnd nach links und rechts. Die Hände liegen locker auf den Oberschenkeln.

Zur Lockerung der Schultern nehmen Sie die Schultern nach vorn, heben Sie sie und bewegen Sie sie nach hinten – einatmen! Lassen Sie die Schultern dann fallen und atmen Sie dabei aus.

Zur Entspannung des Rückens setzen Sie sich gerade auf den Stuhl. Legen Sie die Hände hinter dem Rücken übereinander und drücken Sie die Hände gegen den Stuhl. Dabei spannen Sie die Bauch- und Pomuskeln an. Atmen nicht vergessen!

PAUSE

5   **Lesen Sie und finden Sie Beispiele im Text. Ergänzen Sie.**   14 Punkte

Fitnesstrend Aqua-Sport

Wassergymnastik – das war einmal. Heute wird im Wasser gejoggt, geradelt oder zu heißen Rhythmen Aerobic gemacht. Bewegung im Wasser ist gut für den Körper. Die Vorteile von Aqua-Sport: Er ist gut für Herz und Kreislauf, trainiert die Bauch- und Rückenmuskulatur und schont die Gelenke. „Das Training ist nicht nur sehr effektiv, sondern auch sanft", sagt Aquafitness-Trainerin Angelika Hanke. „Das Wasser bremst die Bewegungen und reduziert so das Verletzungsrisiko." Sport also, den jeder machen kann!

Das Angebot ist vielfältig wie nie! Für jeden Geschmack ist etwas dabei. *Aqua-Jogging* zum Beispiel wird immer beliebter. Man unterscheidet zwischen dem Laufen in tiefem Wasser und dem Laufen in niedrigem Wasser mit Bodenkontakt. Diese zweite Variante heißt auch *Aqua-Walking*. Beim Laufen in tiefem Wasser werden Beinmanschetten oder ein Schwimmgürtel benutzt. Sie sorgen dafür, dass sich der Kopf über Wasser hält. Für das Training der Arme können Hanteln benutzt werden. Aqua-Jogging können auch Menschen machen, die zu viel wiegen. Denn die Muskeln werden länger, aber weniger intensiv beansprucht als beim Laufen an Land. Aqua-Walking ist für Nichtschwimmer geeignet.

Wer Musik und Abwechslung liebt, für den ist *Aqua-Aerobic* interessant. Zu schneller Musik werden in der Gruppe Übungen gemacht. Aqua-Aerobic kräftigt Arme und Beine und verbessert die Kondition. Bluthochdruck- und Herzpatienten sollten aber vorsichtig sein und sich von ihrem Arzt beraten lassen, ob dieser Sport für sie geeignet ist.

Auch das *Aqua-Cycling* ist ein gutes Training für den ganzen Körper: Arm-, Bein-, Rücken- und Bauchmuskeln werden trainiert. Zu schneller Musik wird in die Pedale getreten. Durch die ständige Bewegung im Wasser werden die Muskeln massiert und der Körper verbrennt Fett – ein optimales Programm zur Gewichtsreduktion. Hier fühlen sich auch sportliche Menschen wohl.

Gemütlicher als Aqua-Aerobic und Aqua-Cycling ist *Aqua-Qi-Gong*. Nach ein paar Dehnübungen schwimmt man einige Bahnen, erst dann beginnt man mit den einzelnen Übungen. Zwischen den Übungen werden immer wieder Pausen gemacht. Und für wen Entspannung am wichtigsten ist, der entscheidet sich für *Aqua-Relaxing*. Die Kursteilnehmer ziehen sich gegenseitig mit Schwimmnudeln, die unter Nacken und Knie gelegt werden, durch das Wasser. Sanfte Bewegungen, Dehnungen und Massagen entspannen den Körper.

	Vorteile?	Für wen?
Aqua-Sport allgemein	– – –	*– für alle*
Aqua-Jogging	*– Muskeln werden weniger* *intensiv gebraucht als an Land*	– –
Aqua-Aerobic	– –	–
Aqua-Cycling	– –	–
Aqua-Qi-Gong	–	*– für Menschen, die es* *gemütlicher mögen*
Aqua-Relaxing	–	–

LESEN: 14 Punkte

Ich: __ Punkte

LERN TIPP

Lesestil: Selektives Lesen

Einen Text lesen Sie immer dann selektiv, wenn Sie sich für bestimmte Informationen interessieren. Bei Fernsehzeitungen, Telefonbüchern oder Wörterbüchern ist diese Methode klar: Sie suchen gezielt eine Sendung, eine Telefonnummer oder ein bestimmtes Wort. Aber auch bei anderen Texten konzentrieren Sie sich auf bestimmte Informationen. Sehen Sie sich noch einmal den Text „Fitnesstrend Aqua-Sport" auf Seite 16 an. Welche Informationen sollten Sie in Aufgabe 5 finden? Was war wichtig zu verstehen? Interessieren Sie sich für etwas anderes, z.B. für die Frage, was für Möglichkeiten es beim Aqua-Sport gibt? Markieren Sie im Text alle Informationen, die Ihnen auf diese Frage eine Antwort geben.

LERN TIPP

6 Hören Sie und kreuzen Sie an: richtig oder falsch? 6 Punkte

TRACK 7–10

richtig falsch

a Man sollte am Tag fünf Portionen Obst und Gemüse essen. ☐ ☐

b Eine Portion besteht aus Salat, Obst, Gemüse und Fruchtsaft. ☐ ☐

c Ein paar Kilos zu viel sind nicht so schlimm wie Rauchen. ☐ ☐

d Wenn man mit dem Rauchen aufhören will, darf man keine Süßigkeiten essen. ☐ ☐

e Nach einer Diät isst man oft mehr ungesunde Sachen als vorher. ☐ ☐

f Man sollte auf Süßigkeiten und Pommes frites grundsätzlich verzichten. ☐ ☐

HÖREN: 6 Punkte
Ich: __ Punkte

7 Erkältung. Was passt? Kreuzen Sie an. 3 (6 x 0,5) Punkte

a ☐ Ich empfehle Ihnen ☐ Ich würde an Ihrer Stelle Kräutertee trinken.

b An deiner Stelle ☐ würde ich ein heißes Bad nehmen. ☐ nehme ich ein heißes Bad.

c ☐ Du solltest ☐ Es wäre am besten, wenn du im Bett bleiben.

d ☐ Es wäre am besten, ☐ Ich empfehle Ihnen wenn Sie regelmäßig Fieber messen würden.

e ☐ Ich würde an deiner Stelle ☐ Ich empfehle dir diese Hustentropfen.

f ☐ Ich kenne ☐ Sie sollten viel schwitzen.

8 Wie können Sie auch sagen? Ordnen Sie zu. 5 Punkte

a Alle in unserer Gruppe Fast alle in unserer Gruppe

b Die Hälfte unserer Gruppe Nur ein paar in unserer Gruppe treibt Sport. /

c Ein Viertel unserer Gruppe 100 Prozent unserer Gruppe treiben Sport.

d Die meisten von unserer Gruppe 25 Prozent unserer Gruppe

e Ganz wenige in unserer Gruppe 50 Prozent unserer Gruppe

<u>9</u> **Ergänzen Sie das Gespräch.**   6 Punkte

Ja, aber was? Kennst du vielleicht ein gutes Medikament? ● Ich kann es ja mal versuchen, obwohl ich im Moment gar keinen Appetit habe. ● Ich habe schreckliche Magenschmerzen. ● Vielleicht hast du recht. Okay. Ich erkundige mich mal bei meiner Kasse. ● So? Was würdest du mir denn dann empfehlen? ● Ich weiß. Aber das ist so schwer!

▲ Was ist denn mit dir los? Du siehst ja gar nicht gut aus.

● ....

    Sicher habe ich zu viel Stress.

▲ Dagegen solltest du aber wirklich etwas tun.

● ....

▲ Mit Medikamenten habe ich keine guten Erfahrungen gemacht.

● ....

▲ Ich würde es mit leichtem Essen versuchen: nur Gemüse und klare Suppen.

● ....

▲ Und du solltest mit dem Rauchen aufhören. Kein Wunder, dass du einen nervösen Magen hast.

● ....

▲ Dann ist es am besten, du machst einen Nichtraucher-Kurs. Den bieten viele Krankenkassen an.

● ....

SPRECHEN: 3 + 5 + 6 = 14 Punkte

Ich: __ + __ + __ = __ Punkte

<u>10</u> **Schreiben Sie eine Antwort. Benutzen Sie die Stichwörter im Kasten.**   4 Punkte

Hallo Mama,
danke für die Kekse, die Du mir geschickt hast. Die sind lecker und trösten mich ein bisschen. Mir geht es nämlich gar nicht gut. Ich war am Wochenende mit Johannes beim Skifahren. Ich bin hingefallen und habe mich am Arm verletzt. Der Arm tut seitdem total weh. Und es wird einfach nicht besser. Kennst Du ein Hausmittel dagegen?
Liebe Grüße
Deine Vanessa

zum Arzt gehen → geröntgt werden → eine kühlende Salbe → gute Besserung

Liebe Vanessa,
das klingt ja gar nicht gut mit Deinem Arm.
....
....
Liebe Grüße von
Mama

SCHREIBEN: 4 Punkte

Ich: __ Punkte

60–55:	54–49:	48–43:	42–37:	36–31:	30–0:	**Meine Punkte:**
Super!	Sehr gut!	Gut.	Es geht.	Noch nicht so gut.	Ich übe noch.	_____

Noch mehr Übungen finden Sie unter http://www.hueber.de/schritte-plus → Lernen

Grammatik

1   **Was wünscht sich Nina? Schreiben Sie.**   5 Punkte

a   Nina macht Diät. Aber sie *würde lieber Sahnetorte essen*.
(Sahnetorte essen)

b   Nina muss für eine Sprachprüfung lernen. Aber sie ....
.... (Musik hören)

c   Nina muss ihre Kleider aufräumen. Aber sie ....
.... (mit ihrer Freundin telefonieren)

d   Nina arbeitet am Computer. Aber sie ....
.... (Computerspiele spielen)

e   Nina hat morgen sehr früh einen Termin. Sie .... *gern* ....
.... (bis spät in die Nacht lesen)

f   Nina verbringt die Wochenenden mit ihren Eltern. Aber sie ....
.... (in die Disco gehen)

2   **Sehen Sie sich noch einmal Übung 1 an und schreiben Sie die Sätze neu.**   5 Punkte

*a) Wenn Nina nicht Diät machen würde, würde sie
Sahnetorten essen.*

3   **Ergänzen Sie: *darum – weil – wegen*.**   6 Punkte

a   Viele bemerken Annas Grammatikfehler nicht, ... sie eine sehr gute Aussprache hat.

b   Mirko hat die Prüfung nicht bestanden, ... will er jetzt einen Intensivkurs machen.

c   Roberto will als Arzt in einem deutschen Krankenhaus arbeiten, ... braucht er sehr gute Deutschkenntnisse.

d   Camilla ist Managerin und kann .... ihrer vielen Konferenzen nicht regelmäßig am Deutschkurs teilnehmen.

e   Boris wird .... seines Akzents sofort als Russe erkannt.

f   Anja würde gern Chinesisch lernen, ... sie die chinesischen Schriftzeichen so interessant findet.

GRAMMATIK: 5 +   5 +   6 = 16 Punkte

Ich: __ + __ + __ = __ Punkte

4 **Was passt? Ergänzen Sie.**   6 Punkte

Akzent ● Dialekt ● Heimat ● Muttersprache ● Schrift ● Übersetzung

Mein Name ist Ferdez. Ich komme aus Mazedonien. Meine ....Muttersprache....
ist Albanisch, aber ich spreche auch Mazedonisch. Im Mazedonischen wird die
kyrillische .... verwendet. Darum war es anfangs für mich
nicht einfach, Deutsch zu schreiben. Seit acht Jahren lebe ich in Bayern. Ich glaube,
ich spreche nicht Deutsch, sondern den bayerischen ....
Wenn ich auf Bayerisch fluche – mit albanischem .... – lachen meine Freunde.
Was mir beim Vergleich von Deutsch, Mazedonisch und Albanisch auffällt? Dass es nicht für alle Wörter
eine passende .... in die andere Sprache gibt. Ich fühle mich heute in Mazedonien
und in Deutschland zu Hause. .... ist, wo man Familie und Freunde hat und die
Menschen versteht.

WORTSCHATZ: 6 Punkte

Ich: ___ Punkte

PAUSE

Redewendungen. Finden Sie die gesuchten Verben. Die grauen Felder ergeben von oben nach unten das Lösungswort.

a über ein Ereignis sprechen oder eine Geschichte mitteilen

b über ein Thema sprechen und streiten

c miteinander (aus Spaß) sprechen: sich …

d um eine Auskunft oder Information bitten: sich …

e ein Wort oder einen Text in eine andere Sprache bringen

(crossword grid with letters: Ä; D, I; A, T; K; E, Z)

Lösung: Wenn jemand sehr offen über seine Gefühle spricht und auch sonst sofort alles sagt, was ihm
gerade so einfällt, dann sagt man: „Er/Sie trägt sein/ihr Herz auf der __ __ __ __ __.“

5 **Lesen Sie und kreuzen Sie an: richtig oder falsch?**   4 Punkte

Deutsche im internationalen Vergleich Spitze!

Wie eine Studie ergab, sprechen rund 88 Prozent der berufstätigen Deutschen mindestens eine Fremdsprache. Zum
Vergleich: Der internationale Durchschnitt liegt bei 57 Prozent. Am häufigsten wird in Deutschland Englisch gelernt.
Englisch ist auch die Sprache, die die meisten gern perfekt können würden. Der Grund liegt auf der Hand: Englisch ist
im Job und für die Karriere besonders wichtig. Für mehr als die Hälfte ist Chinesisch inzwischen die Sprache der
Zukunft, schon heute wünschen sich 16 Prozent der Befragten, diese Sprache perfekt zu beherrschen. Allerdings sind
bessere Karrierechancen nicht der Hauptgrund für das Erlernen einer Fremdsprache, sondern Reisen ins Ausland.
48 Prozent der Befragten möchten sich auf Reisen besser verständigen können.

		richtig	falsch
a	In Deutschland sprechen mehr Menschen eine Fremdsprache als im internationalen Durchschnitt.	☐	☒
b	Die Fremdsprache, die die meisten Deutschen sprechen, ist Englisch.	☒	☐
c	16 Prozent der Deutschen sprechen Chinesisch.	☐	☒
d	Die meisten wollen eine Fremdsprache lernen, weil sie so bessere Chancen im Berufsleben haben.	☐	☒

6 **Lesen Sie und kreuzen Sie an: Was ist richtig?** 10 Punkte

Ist Deutschlernen wichtig? Das fragten wir sechs Personen, die gerade einen Deutschkurs besuchen. Hier ihre Antworten:

Brad, 30, aus Australien „Meine Freundin ist Deutsche. Deshalb bin ich vor einem Jahr nach Deutschland gekommen. Ich dachte, dass ich mit Englisch als Muttersprache keine Schwierigkeiten haben würde, einen Job zu finden. Aber immer wenn ich mich bewarb, bekam ich zur Antwort: Lernen Sie erst einmal richtig Deutsch. Dann können Sie wiederkommen. Offenbar glauben die Leute, dass man auch keine Berufserfahrung hat, wenn man nicht perfekt Deutsch kann. Seit sechs Monaten besuche ich nun einen Deutschkurs."

Alena, 24, aus Tschechien „Meine Großmutter hat 30 Jahre in Wien gelebt. Ich habe sie als Kind oft besucht und Wien dabei sehr gut kennengelernt. Ich denke, ich habe in Wien bessere Karrierechancen als bei uns zu Hause. Und darum habe ich jetzt das Zertifikat Deutsch gemacht. Mit dem Zertifikat habe ich bestimmt gute Chancen, wenn ich mich bei österreichischen Firmen bewerbe."

Ewa, 23, aus Polen „Ich finde es aus historischen Gründen wichtig, Deutsch zu lernen. Denn Polen und Deutschland verbindet eine lange Geschichte, die nicht immer sehr schön war. Aber gerade deshalb ist es wichtig, dass wir uns gegenseitig gut kennenlernen. Ich würde mir wünschen, dass auch mehr Deutsche sich für die polnische Sprache interessieren würden."

Sopha, 32, aus Thailand „Ich bin mit einem Deutschen verheiratet. Ich habe von ihm das Deutsch gelernt, das ich im Alltag so brauche. Aber jetzt gehen unsere beiden Söhne zur Schule, und ich habe gemerkt, dass meine Deutschkenntnisse nicht mehr ausreichend sind: In der Kommunikation mit der Klassenlehrerin und bei Elternabenden habe ich große Mühe. Deshalb nehme ich an einem Deutschkurs für Eltern teil."

Abdullah, 35, aus Saudi Arabien „Ich arbeite seit ein paar Monaten an einer deutschen Klinik als Arzt. Für meine Arbeitserlaubnis musste ich gute Deutschkenntnisse nachweisen. Im Krankenhaus brauche ich eigentlich gar nicht so viel Deutsch, denn für die Gespräche mit den Patienten genügt mein Deutsch und die Kollegen sprechen alle sehr gut Englisch. Aber natürlich möchte ich die Sprache des Landes gut können, in dem ich lebe. Dann versteht man die Menschen und ihr Land besser. Aus diesem Grund lerne ich weiter Deutsch."

Zeliha, 45, aus der Türkei „Seit 20 Jahren lebe ich in Deutschland. Schnell hintereinander kamen meine vier Kinder. Das Geld war immer knapp bei uns, deswegen habe ich neben dem Haushalt und der Kindererziehung Schicht gearbeitet. Für einen Deutschkurs war irgendwie nie Zeit und Geld da. Meine Kinder schimpfen, weil ich so schlecht Deutsch spreche. Ich mache einen Integrationskurs und meine Kinder helfen mir beim Lernen."

✓ **a** Wer gut Englisch kann, ☐ findet in Deutschland problemlos einen Job. ☒ muss trotzdem gut Deutsch lernen.

✗ **b** Deutsche glauben offenbar, ☒ dass man ohne perfektes Deutsch keine beruflichen Kenntnisse hat. ☒ dass man für eine Ausbildung Deutsch braucht.

✓ **c** Alena hofft, dass sie mit dem Zertifikat Deutsch ☒ eine Arbeitsstelle in Österreich findet. ☐ besser Bewerbungen schreiben kann.

✓ **d** Als Polin will Ewa Deutsch können, denn ☒ Deutschland und Polen haben eine gemeinsame Geschichte. ☐ sie hat viele Deutsche kennengelernt.

✓ **e** Ewa findet es ☐ toll, dass so viel Deutsche Polnisch sprechen. ☒ schade, dass sich nicht so viele Deutsche für Polnisch interessieren.

✓ **f** Sopha hat ☒ von ihrem Mann Deutsch gelernt. ☐ hat einen Deutschkurs gemacht.

✓ **g** Sie ☐ muss ihren Söhnen bei den Deutschhausaufgaben helfen. ☒ hat Probleme, weil sie die Lehrer nicht gut genug versteht.

✓ **h** Für die Arbeitserlaubnis ☒ sind gute Deutschkenntnisse Bedingung. ☐ braucht man gar nicht so gute Deutschkenntnisse.

✓ **i** Abdullah will gut Deutsch können, weil ☐ die Patienten nicht Englisch sprechen. ☒ weil er in Deutschland lebt.

✓ **j** Zeliha lernt Deutsch ☐ weil sie Geld verdienen muss. ☒ wegen ihrer Kinder.

LESEN: 4 + 10 = 14 Punkte

Ich: __ + __ = __ Punkte

7 **Hören Sie und kreuzen Sie an: richtig oder falsch?**   7 Punkte

TRACK
11–17

		richtig	falsch
a	Der Gast in der Radiosendung ist eine Autorin, die zweisprachig aufgewachsen ist.	☐	☐
b	Sie sollen als Hausaufgabe einen deutschen Text lesen.	☐	☐
c	Sie können Ihren Kurswunsch mitteilen und bekommen die Informationen dann per Post.	☐	☐
d	Ein Fußgänger beschreibt Ihnen den Weg zum Bahnhof.	☐	☐
e	Sie können heute Abend neue Sprachlernmethoden kennenlernen.	☐	☐
f	Der Zug fährt bis zum Ostbahnhof. Das bedeutet, dass Sie umsteigen müssen.	☐	☐
g	Sie dürfen selbst entscheiden, welche Sprache Sie lernen möchten.	☐	☐

HÖREN: 7 Punkte
Ich: __ Punkte

8 **Hören Sie und kreuzen Sie an: Welche Reaktion passt?**   4 Punkte

TRACK
18–21

a ☐ Also, ich glaube, ich habe dich nicht richtig verstanden.

  ☐ Willst du damit sagen, dass ich nicht Auto fahren kann?

b ☐ Das letzte Wort habe ich nicht verstanden.   ☐ Kannst du bitte ein bisschen langsamer sprechen?

c ☐ He, was soll denn das heißen?   ☐ Habe ich das richtig verstanden? Ich bekomme den Job nicht?

d ☐ Ich verstehe nicht. Was wollen Sie eigentlich genau sagen?

  ☐ Wären Sie so nett und würden ein bisschen lauter sprechen?

9 **Ergänzen Sie.**   6 Punkte

Wie bitte? Können Sie das bitte wiederholen? ● Ach, Sie meinen damit, dass es Ihnen nicht gefällt. ●
Könnten Sie sich bitte ein bisschen leiser unterhalten? ● Bedeutet das, dass ich dagegen etwas tun muss? ●
Soll das heißen, dass wir zu laut sind? ● Das verstehe ich nicht. Kannst du mir das bitte erklären?

a ▲ Oh! 150 zu 100, Ihr Blutdruck ist aber ganz schön hoch.

  ● Aha. ....

b ▲ Wie können Sie so ein Bild malen! Ich bin doch nicht so dick! Und mein
     Gesicht ist nicht so rund. Und der Mund! Viel zu klein.

  ● .... Stimmt's?

c ▲ Also, es ist ganz einfach. Du musst nur den Satz des Pythagoras anwenden.

  ● ....

  ▲ Es ist wirklich eine ganz einfache Aufgabe. Sieh mal: Das hier ist a, das ist b ...

d ▲ Hihi! Ist das lustig!

  ● Ja, stimmt! Total komisch. Lange nicht mehr so gelacht!

  ■ .... Man versteht ja vom Film nichts.

  ▲ .... Ph! Spaßbremse!

  ■ ....

  ▲ Ja, klar: Spaßbremse.

SPRECHEN: 4 + 6 = 10 Punkte
Ich: __ + __ = __ Punkte

Schreiben

Was sagt man in dieser Situation?

Notieren und lernen Sie nicht nur einzelne neue Wörter. Wenn Sie sich zu verschiedenen Situationen passende Sätze und Ausdrücke aufschreiben, fühlen Sie sich in Gesprächen sicherer. Benutzen Sie zum Beispiel Karteikärtchen und schreiben Sie eine Situation oder ein Thema auf die Vorderseite: „nachfragen". Schreiben Sie Beispiele zum Thema auf die Rückseite und lernen Sie diese auswendig: „Können Sie das bitte wiederholen?", „Meinen Sie damit, dass ...?" ... Diese Methode eignet sich auch gut, wenn Sie sich auf ein Gespräch vorbereiten möchten. Überlegen Sie, was Sie sagen oder fragen möchten und was der Gesprächspartner sagen oder fragen könnte. Sicher können Sie während des Gesprächs einen ihrer geübten Sätze anwenden.

10 **Was passt wo? Ordnen Sie zu. Schreiben Sie dann den Brief**   7 (14 x 0,5) Punkte
in der richtigen Reihenfolge.

1 Unterschrift ● 2 Schlusssatz ● 3 Anrede ● 4 Einleitungssatz ● 5 Ort und Datum ● 6 Gruß ● 7 Text

A ☐   Vielleicht sehen wir uns ja sogar bald, denn ich will im Sommer einen Sprachkurs in Deutschland machen. Ich muss nur noch eine passende Sprachschule finden. Es wäre schön, wenn Du mir dabei helfen könntest. Vielleicht hast Du ja eine Empfehlung für mich. Natürlich brauche ich auch eine günstige Unterkunft. Was ist Deiner Meinung nach besser: eine Pension oder eine Gastfamilie?
Es wäre wirklich toll, wenn Du im Sommer auch zu Hause in Hamburg wärst. Dann könnten wir zusammen etwas unternehmen.

B ☐   Kiew, 13. April 20..

C ☐   danke für Deinen Brief. Ich habe mich sehr darüber gefreut.

D ☐   Irina

E ☐   Schreib mir doch bitte, wie Deine Sommerpläne aussehen und ob Du mich bei der Suche nach einer guten Schule und einer Unterkunft unterstützen kannst.

F ☐   Liebe Tina,

G ☐   Bis hoffentlich bald!

SCHREIBEN: 7 Punkte

Ich: __ Punkte

60–55:	54–49:	48–43:	42–37:	36–31:	30–0:	Meine Punkte:
Super!	Sehr gut!	Gut.	Es geht.	Noch nicht so gut.	Ich übe noch.	_____

Noch mehr Übungen finden Sie unter http://www.hueber.de/schritte-plus → Lernen

[handwritten top margin] - ich freue mich dass ich euch zu treffe,
- ich freue mich euch zu treffen

[handwritten] einkaufen gehen ⇒ es sob 1 verbo
Es ist mir wichtig, meine Familie glücklich zu sein. Gesund zu bleiben.

1   **Ergänzen Sie *zu*, wo nötig.**   6 Punkte

a   Frau Kraus möchte keinen Staubsauger
.... kaufen.

b   Peter und Paul gehen gern zusammen
.... einkaufen.   *[handwritten]* + kein zu + verb ✗

c   Willi braucht heute nicht zur Arbeit
...*zu*.... gehen. Er hat frei.

d   Silvia hat keine Zeit, noch ...*zu*..... bleiben.

e   Herr Böhm lässt sich eine Kreditkarte
.... ausstellen.   *[handwritten]* lassen + keine zu ✗

f   Rudi hat vergessen, das Geschirr
...*zu*...... spülen.

2   **Notizen von Mama. Ergänzen Sie.**   4 Punkte

[handwritten] ungefär

Hallo Lukas,
wir haben heute ein Geschäftsessen in der Firma. Es kann also länger dauern. Denkst Du bitte
daran, *mit dem Hund rauszugehen*? (mit dem Hund rausgehen) Vergiss nicht,
....*Oma anzurufen*...... (Oma anrufen) Sie hat heute Geburtstag. Vielleicht hast
Du auch Zeit, ...*einzukaufen*........ (einkaufen) Das wäre schön! Der Einkaufs-
zettel hängt am Kühlschrank. Und Du hast versprochen, ...*Dein Zimmer aufzuräumen*
(Dein Zimmer aufräumen) Erinnerst Du Dich? Ich versuche, *(bis 9 Uhr zu Hause zu sein)*
(bis neun Uhr zu Hause sein)   *(plane)*
                              Gruß und Kuss
                                  Mama   *[handwritten]* circa ~ alrededor
                                             un a eta Lor:

3   **Kann man den Satz auch mit *zu* schreiben? Kreuzen Sie an und schreiben**   8 (5 + 3) Punkte
Sie neu, wenn möglich.

Ich freue mich, dass **ich** dich mal wieder sehe.	**Ich** freue mich, dass **du** gekommen bist.
besser: Ich freue mich, dich mal wieder zu sehen.	*Satz mit „zu" nicht möglich!*

[handwritten] Vera hofft, die Stelle zu bekommen

		ja	nein
[handwritten] Igvales injebr **a**	Vera hofft, dass sie die Stelle als Kellnerin bekommt.	☒	☐
[handwritten] Dishintas injebr **b**	Ihr Chef ist traurig darüber, dass sie zu einem anderen Restaurant geht. *ohne zu*	☐	☒
c	Vera ist es gewohnt, dass andere mit ihrer Arbeit zufrieden sind. *ohne zu*	☐	☒
d	Sie schafft es immer, dass sie gute Lösungen findet.	☒	☐
e	Sie kann sich auch vorstellen, dass sie später ein eigenes Restaurant besitzt.	☐	☒

[handwritten] Sie schafft es immer, gute Lösungen zu finde.

[handwritten] Sie kann sich auch vorstell, später ein eigenes
Restaurant zu besetze

GRAMMATIK: 6 + 4 + 8 = 18 Punkte

Ich: __ + __ + __ = __ Punkte

Wortschatz und Lesen

4   **Ersetzen Sie die markierten Wörter und Ausdrücke und schreiben Sie die Sätze neu.**   6 Punkte

produzieren ● tätig sein ● sich weiterbilden ● entlassen ● sich selbstständig machen ● einstellen

a   Unsere Firma muss schließen. Der Chef hat schon allen Angestellten **gekündigt**.

    ....

b   Mein Mann **arbeitet** als Monteur bei einem Autohersteller.

    ....

c   Herr Rabl will Karriere machen und **nimmt** regelmäßig **an Schulungen teil**.

    ....

d   Wir **stellen** in unserer Firma Haushaltsgeräte **her**.

    ....

e   Wir brauchen dringend Unterstützung und sollten neue Mitarbeiter **beschäftigen**.

    ....

f   Tanja und Klaus haben ihre Stelle gekündigt und **eine eigene Firma gegründet**.   WORTSCHATZ: 6 Punkte

    ....   Ich: _____ Punkte

5   **Lesen Sie die Anzeigen. Welche Anzeige passt zu welcher Situation? Ordnen Sie zu.**   6 Punkte

1
Wir bilden aus!
Ab Herbst suchen wir **Auszubildende zur Fachkraft für Kurier-, Express- und Postdienstleistungen** (Postboten). Die Ausbildungsstandorte sind Berlin, Karlsruhe, Leipzig.
Wir bieten: eine zweijährige Ausbildung
Ihr Profil: mindestens Hauptschulabschluss
Interesse? Melden Sie sich bei unserer Ausbildungshotline unter 0221 / 12345

2
Fleißige und körperlich fitte
Briefzusteller (m/w)
für den Frankfurter Raum gesucht!
Aufgaben: Lieferung von Briefen, Päckchen, Bücher- und Warensendungen mit gestelltem Fahrrad
Arbeitszeiten: ca. 6–13 Uhr
Bitte senden Sie Ihre Bewerbungsunterlagen an

3
Dringend **Paketzusteller** für Frankfurt mit Führerscheinklasse B gesucht!
Telefon: 069-4501

4
Zum 1. April suchen wir eine Mitarbeiterin / einen Mitarbeiter für unsere
Poststelle/Versand.
Tätigkeitsumfang: 40 Stunden (Vollzeit).
Ihr Aufgabengebiet: Fachgerechte Bearbeitung der Eingangs- und Ausgangspost, Lagerverwaltung, Materialausgabe
Wir erwarten: Deutsch- und EDV-Kenntnisse
Mehr Informationen: info@abc-dienst.de

5
Nebenjob für Schüler, Studenten, Hausfrauen, Rentner als
Zeitungsausträger/in
für unser Lokalblatt.
Zweimal wöchentlich nachmittags.
Telefon: 934568

6
Wir suchen ab sofort
Taxifahrer/in
für den Großraum Frankfurt!
Einsatzzeiten nach Absprache in Voll- oder Teilzeit (auch Schichtdienst, Nacht- und Wochenendarbeit).
Zwingend erforderlich sind der Führerschein Klasse B, ein gültiger Personenbeförderungsschein und gute Ortskenntnisse.
Bei Interesse bewerben Sie sich bitte telefonisch unter 01111 283000

a   Minh H. ist gerade erst nach Frankfurt gezogen und sucht einen Job. Er hat einen Führerschein Klasse B. ....

b   Rocha A. (15) geht auf das Gymnasium und möchte sich nebenbei ein Taschengeld verdienen. ....

c   Nurten K. war früher schon im Büro tätig. Nach ihrer Babypause möchte sie nun wieder Vollzeit arbeiten. Sie spricht sehr gut Deutsch und kennt sich mit dem Computer aus. ....

d   Ilhan T. (16) hat die Hauptschule beendet und sucht eine Lehrstelle. ....

e   Marta W. möchte gern nachmittags zu Hause sein, wenn ihre Kinder aus der Schule kommen. Sie hat keinen Führerschein. ....

f   Oleg B. aus Frankfurt sucht eine Arbeitsstelle. Er hat einen Führerschein Klasse B und arbeitet auch gern abends, nachts oder sonntags. ....   LESEN: 6 Punkte

    Ich: _____ Punkte

6   **Was ist richtig? Hören Sie und kreuzen Sie an.**   5 Punkte

a   Mandy hat   ☐ ein Vorstellungsgespräch.   ☐ einen Termin beim Berufsberater.

b   Sie   ☐ hat sich bei einem Hotel beworben.   ☐ möchte gern in der Gastronomie tätig sein.

c   Es gefällt Mandy,   ☐ mit Menschen umzugehen.   ☐ im Büro zu arbeiten.

d   Eine Restaurantfachfrau   ☐ kümmert sich um Gäste und Restaurant. ☐ arbeitet viel im Büro.

e   Mandy entscheidet sich dafür,   ☐ noch zwei Jahre weiterzulernen. ☐ die Informationen über alle drei Berufe zu lesen.

7   **Was ist richtig? Hören Sie und ergänzen Sie.**   8 Punkte

Automechanikerin ● Autowerkstatt ● Bankkauffrau ● Ingenieurin ● Investmentbankerin ● körperliche Arbeiten ● Schulungszentrum ● Technik

a   Britta Laban war viele Jahre von Beruf .... und ist jetzt ....

b   Als Jugendliche wollte sie .... werden, hat sich dann aber für eine Lehre als .... entschieden.

c   Mit Kollegen hat sie schließlich sogar ein .... gegründet.

d   Ihr Interesse an .... ist aber geblieben.

e   Außerdem macht sie gern ....

f   Heute hat sie eine eigene ....

HÖREN: 5 +   8 = 13 Punkte

Ich: __ + __ = __ Punkte

LERN TIPP

Hören und Internet

Wussten Sie, dass das Hörverstehen eine der wichtigsten Fertigkeiten ist, die Sie in der Kommunikation mit anderen brauchen? Sie verbringen mehr Zeit mit Zuhören als mit Sprechen, Lesen oder Schreiben. Hören bedeutet aber nicht nur „verstehen, was andere sagen", sondern auch Radiosendungen, Durchsagen, Mitteilungen auf dem Anrufbeantworter richtig verstehen. Diese „Höraufgaben" gelten als besonders schwierig, weil man die sprechende Person nicht sieht und weil man oft viele neue Informationen schnell aufnehmen muss.

Durch das Internet ist es gut möglich, das Hörverstehen zu trainieren. Viele Radiosender bieten im Internet Nachrichten und interessante Interviews als Podcasts an (zum Beispiel die Deutsche Welle unter www.dw-world.de). Fernsehsender zeigen ihre Nachrichten als Videos. Auch Hörbücher können Sie im Internet anhören, zum Beispiel unter www.vorleser.net. Die Vorteile: Die meisten Angebote können kostenlos heruntergeladen werden. Sie können die Pause-Taste so oft drücken, wie Sie möchten, und den Text so oft anhören, wie nötig. Tipp: Hören Sie ein Radiointerview im Internet an und erzählen Sie danach einer Freundin / einem Freund davon. Sie sind sicher selbst überrascht, wie viel Sie verstanden haben.

LERN TIPP

Sprechen

Witze. Lesen Sie und kreuzen Sie an: richtig oder falsch?

A „Wir können Sie nicht einstellen. Leider haben wir keine Arbeit für Sie."
„Och … das würde mir eigentlich nichts ausmachen."

B Beim Vorstellungsgespräch
„Wie viel verdiene ich denn so, wenn ich diese Arbeit mache?"
„Ungefähr 500 Euro im Monat."
„Das ist aber wenig."
„Ja, aber das wird später mehr."
„Ah! Gut, dann komme ich später wieder."

                                                           richtig falsch

A Der Bewerber findet es gut, wenn er nichts arbeiten muss.   ☐   ☐

B Der Mann will erst wiederkommen, wenn das Gehalt gestiegen ist.   ☐   ☐

---

8   Wie können Sie auch sagen? Ordnen Sie zu.   4 Punkte

a Haben Sie Interesse an dieser Arbeit?   Kannst du dir vorstellen, dir eine neue Stelle zu suchen?

b Wie läuft es denn so bei dir im Job?   Ist bei Ihnen im Job immer noch so viel los?

c Hast du schon einmal daran gedacht, den Job zu wechseln?   Wie hast du diese neue Stelle gefunden?

d Haben Sie immer noch so viel Arbeit?   Können Sie sich diese Tätigkeit vorstellen?

e Wie bist du an die neue Stelle gekommen?   Wie geht es dir denn bei der Arbeit?

---

9   Beim Vorstellungsgespräch: Ergänzen Sie.   8 Punkte

bin Hausfrau ● Sie haben keine Ausbildung in der Hotelbranche gemacht ● meine kompletten Unterlagen ● Wir bieten eine 5-Tage-Woche ● Haben Sie denn Berufserfahrung ● Am Wochenende ist mein Mann zu Hause ● habe Altenpflegehelferin ● Ihre Arbeitsgenehmigung und Ihre Aufenthaltserlaubnis

● Guten Tag, Frau Kovac. Nehmen Sie doch bitte Platz. Sie möchten also bei uns als Zimmermädchen arbeiten. ....?

▲ Ja. Wie ich schon am Telefon sagte, habe ich schon zwei Jahre in einem Hotel gearbeitet. Als Reinigungskraft und in der Küche.

● Hm. Aber ...., oder?

▲ Nein. Ich .... gelernt.

● Und was machen Sie zurzeit?

▲ Ich .... Aber inzwischen gehen meine Kinder alle zur Schule und ich möchte wieder arbeiten. Die Arbeitszeiten sind doch von 8 bis 12 Uhr, nicht wahr?

▲ Ja, das ist richtig. ...., allerdings müssten Sie auch mal am Wochenende arbeiten.

● Das ist kein Problem. ....

▲ Ah, gut. Ja, Frau Kovac. Haben Sie denn .... dabei?

● Natürlich. Hier bitte: ....
....

SPRECHEN: 4 + 8 = 12 Punkte

Ich: __ + __ = __ Punkte

10 **Ordnen Sie das Bewerbungsschreiben und schreiben Sie es neu.** 5 (10 x 0,5) Punkte

☐ vielen Dank für das freundliche Telefongespräch. Wie vereinbart, sende ich Ihnen anbei meine Bewerbung als Gärtner für die Grünanlagen von Neustadt.

☐ Wie Sie aus meinen Unterlagen ersehen können, habe ich bereits mehrere Jahre Berufserfahrung.

☐ Sehr geehrter Herr Römer,

☐ Die Stelle als Stadtgärtner interessiert mich sehr. Über eine Einladung zu einem persönlichen Gespräch würde ich mich daher freuen.

☐ Ich habe einige Jahre als Friedhofsgärtner gearbeitet.

☐ Zuletzt war ich drei Jahre in einer Baumschule tätig. Zu meinen Aufgaben dort gehörten die Baumpflege und die Baumsanierung.

☐ Mit freundlichen Grüßen
Francesco Coletto

☐ Meine Muttersprache ist Italienisch. Ich lebe aber schon seit sechs Jahren in Deutschland, deshalb spreche ich auch gut Deutsch.

☐ Ich denke, dass diese Erfahrungen die ideale Voraussetzung für die Tätigkeit im Stadtpark sind.

☐ Bewerbung als Stadtgärtner

....
....
....
....
....
....
....
....
....
....
....
....
....
....
....
.... SCHREIBEN: 5 Punkte

.... Ich: ____ Punkte

60–55:	54–49:	48–43:	42–37:	36–31:	30–0:	**Meine Punkte:**
Super!	Sehr gut!	Gut.	Es geht.	Noch nicht so gut.	Ich übe noch.	_____

Noch mehr Übungen finden Sie unter http://www.hueber.de/schritte-plus → Lernen

Grammatik

1 **Schreiben Sie Sätze mit *um ... zu*, wenn das möglich ist.** 4 Punkte
Wo es nicht möglich ist, schreiben Sie Sätze mit *damit*.

a Frauke arbeitet im Reisebüro. Ihre Absicht: für sich selbst günstige
Reiseangebote finden.
Frauke arbeitet im Reisebüro, um für sich selbst günstige
Reiseangebote zu finden.

b Sie bietet ihren Kunden nur Flüge von bekannten Fluggesellschaften an. Ihre Absicht: Die Kunden
sollen sich sicher fühlen.
Sie bietet ihren Kunden nur Flüge von bekannten Fluggesellschaften an, damit sie
sich sicher fühlen.

c Sie probiert selbst neue Hotels aus. Ihr Ziel: ihre Kunden gut beraten können.

....

....

d Sie empfiehlt Pauschalreisen. Ihr Ziel: Die Kunden sollen keine Mühe mit der Reiseorganisation
haben.

....

....

e Sie besucht jedes Jahr die ITB Berlin, die wichtigste Tourismus-Messe. Ihr Ziel: sich über neue Trends
informieren.

....

....

f Sie bringt viele Kataloge und Prospekte mit. Ihr Ziel: Ihre Kunden sollen einen Überblick über in die
verschiedenen Reisemöglichkeiten bekommen.

....

....

2 **Heute war alles anders. Schreiben Sie Sätze mit *statt ... zu*.** 5 Punkte

a Normalerweise kocht Evelyn sich zuerst einen Kaffee. Aber heute hat sie zuerst die Post geöffnet.

b Normalerweise liest sie die Tageszeitung. Aber heute hat sie sofort alle E-Mails beantwortet.

c Normalerweise unterhält sie sich mit der Kollegin. Aber heute hat sie sich auf die Arbeit konzentriert.

d Normalerweise geht sie schon um elf Uhr in die Kantine. Aber heute hat sie erst um 14 Uhr kurz
Pause gemacht.

e Normalerweise trifft sie alle Entscheidungen selbst. Aber heute hat sie sich mit ihren Kollegen
abgesprochen.

f Normalerweise beendet sie den Arbeitstag um 16 Uhr. Aber heute ist sie bis 19 Uhr
geblieben.

Was war passiert? – Ihr Chef war nach längerer Krankheit ins Büro zurückgekehrt.

a) Heute hat Evelyn zuerst die Post geöffnet, statt sich
einen Kaffee zu kochen.

3 **Ergänzen Sie** *ohne … zu.*

4 Punkte

a Du solltest nie verreisen, *ohne dich über das Reiseziel zu informieren.* ....
(sich über das Reiseziel informieren)

b Du solltest nicht zum Flughafen fahren, ...
.... (die aktuelle Abflugzeit prüfen)

c Du solltest nicht in tropische Länder reisen, ...
.... (Medikamente gegen Magen-Darm-Krankheiten mitnehmen)

d Du solltest dich nie in die Sonne legen, ...
.... (eine gute Sonnencreme benutzen)

e Du solltest nie Urlaub zu Hause verbringen, ...
.... (dein Handy ausschalten)
Sonst wirst du ständig vom Chef und den Kunden angerufen!

GRAMMATIK: 4 + 5 + 4 = 13 Punkte
Ich: __ + __ + __ = __ Punkte

4 **Ergänzen Sie.**

5 (10 x 0,5) Punkte

heiß ● Klima ● kühl ● neblig ● sonniger ● Schnee ● Temperaturen ● sommerliches ● warm ● wärmer

Das .... in der Schweiz

.... und Wetter in der Schweiz sind sehr unterschiedlich. Das liegt an den großen Höhen-unterschieden und der Lage des Landes im Zentrum Europas. In den höheren Lagen nördlich der Alpen ist es im Sommer angenehm ...., aber nicht zu .... Die Winter sind ....

und .... Oft gibt es .... Der Süden des Landes ist mediterran geprägt: Es ist .... und .... Ein starker Wind, der Föhn, kann auch im Winter .... Wetter bringen.

WORTSCHATZ: 5 Punkte
Ich: __ Punkte

Wetter in Mitteleuropa. Lesen Sie und ordnen Sie zu.

Altweibersommer ● Eisheiligen ● Schafskälte

1 Die ....: Je nach Region werden sie auch die „gestrengen Herren" oder „Eismänner" genannt. Gemeint ist eine große Kälte, die häufig Mitte Mai auftritt. Gärtner sagen, dass man Sommerblumen und empfindliche Pflanzen erst nach dieser Kälteperiode pflanzen sollte, damit sie nicht kaputtgehen.

2 Die ....: Damit sind kühle, regnerische Tage um den 11. Juni gemeint, die mit 89 Prozent Wahrscheinlichkeit nach den ersten sommerlichen Tagen kommen. Die Temperaturen können bis auf 5 Grad sinken. Der Name soll an die Schafe erinnern, die zu dieser Zeit schon geschoren sind und für die diese Kälte gefährlich sein kann.

3 Der ....: Nein, das ist keine Jahreszeit für alte Frauen. Gemeint ist eine Zeit im Herbst mit besonders schönem Wetter. Die heiße Zeit ist vorbei, die Nächte sind schon recht kühl, aber so richtig Herbst ist es noch nicht. Übrigens: Diese Schönwetterperiode ist die einzige, auf die man sich wirklich verlassen kann. Sie wird in den Wetterstatistiken seit ca. 200 Jahren festgestellt.

PAUSE

Lesen

5 **Lesen Sie und kreuzen Sie an.** 6 Punkte

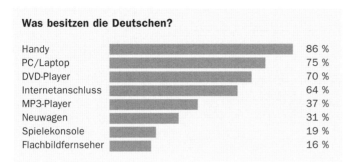

Was besitzen die Deutschen?

Handy	86 %
PC/Laptop	75 %
DVD-Player	70 %
Internetanschluss	64 %
MP3-Player	37 %
Neuwagen	31 %
Spielekonsole	19 %
Flachbildfernseher	16 %

	Das ist. richtig	Das ist falsch.	Darüber gibt die Statistik keine Auskunft.
a Jeder Zweite besitzt ein Handy.	☐	☐	☐
b Mit 16 Millionen Geräten ist jeder dritte Computer ein Laptop.	☐	☐	☐
c Fast ein Drittel der Deutschen fährt ein neues Auto.	☐	☐	☐
d Doppelt so viele Haushalte haben einen Gebrauchtwagen.	☐	☐	☐
e Fast in jedem fünften Haushalt gibt es eine Spielekonsole.	☐	☐	☐
f Nur halb so viele Haushalte haben einen Flachbildfernseher.	☐	☐	☐

6 **Lesen Sie und ordnen Sie zu.** 7 Punkte

Spiel und (Bade-)Spaß in Baden-Baden

Baden-Baden hat ein sehr mildes Klima, denn es liegt im Südwesten Deutschlands, einer der wärmsten Regionen des Landes. Schon vor mehr als 150 Jahren machten berühmte Schriftsteller und andere Künstler in der Stadt Urlaub – aber nicht wegen der schönen Landschaft, sondern vor allem, um sich beim Glücksspiel zu amüsieren. Bis heute ist Baden-Baden nämlich für sein Kasino bekannt. Berühmte Gäste wie der russische Schriftsteller Fjodor Dostojewski verloren in der Spielbank ihr ganzes Geld. Dabei hat die 55 000-Einwohner-Stadt so viele andere Sehenswürdigkeiten zu bieten: ein Museum für moderne Kunst, die zweitgrößte Oper Europas, eine historische Pferderennbahn und Thermalbäder, die für Erholung sorgen. Im berühmten Friedrichsbad, das 130 Jahre alt ist, kommt das Wasser mit fast 70 Grad aus der Erde. Ein idealer Ort, um sich zu entspannen. Das finden wohl auch die 800 000 Besucher, die jedes Jahr aus der ganzen Welt nach Baden-Baden kommen.

a Baden-Baden liegt   55 000 Einwohner.

b Baden-Baden ist   ein beliebtes Ferienziel von Künstlern.

c Baden-Baden war   es viel zu sehen.

d In Baden-Baden gibt   in einer sehr warmen Gegend.

e Baden-Baden hat   ein gesundes Klima.

jährlich ca. 800 000 Gäste.

noch heute für seine Spielbank bekannt.

ein berühmter Badeort.

LESEN: 6 +   7 = 13 Punkte

Ich: __ + __ = __ Punkte

7   **Hören Sie und kreuzen Sie an: Was ist richtig?**   6 Punkte

1 Es geht um das Thema Kundenservice. ☐

2 Die Frau ärgert sich über den schlechten Service in Geschäften. ☐

3 Der Mann braucht keine Beratung. ☐

4 Die Frau beschwert sich über schlechte Verkäufer und unfreundliche Kunden. ☐

5 Der Mann ist der gleichen Meinung wie seine Frau. ☐

6 Die Frau ist Verkäuferin. ☐

HÖREN: 6 Punkte
Ich: ___ Punkte

TRACK 24–29

8   **Wie können Sie auch sagen? Ordnen Sie zu.**   5 Punkte

a Diese Abbildung informiert über die beliebtesten Reiseziele der Deutschen.

b Ich finde es überraschend, dass so wenige nach Frankreich fahren.

c Nur ungefähr ein Drittel fährt nach Frankreich.

d Ich hätte nicht gedacht, dass Skandinavien ein beliebteres Reiseziel ist als Frankreich.

e Skandinavien liegt mit fast 40 Prozent vor Frankreich.

f Seltsam an dieser Abbildung ist, dass sie nicht über deutsche Reiseziele informiert.

Nur etwa jeder Dritte macht Urlaub in Frankreich.

Frankreich liegt auf dem sechsten Platz und kommt damit nach Skandinavien.

Die Abbildung zeigt keine deutschen Reiseziele. Das finde ich komisch.

Es wundert mich, dass so wenige nach Frankreich fahren.

Mehr Leute machen in Skandinavien als in Frankreich Urlaub. Das finde ich überraschend.

In dieser Abbildung sehen wir, wohin die Deutschen am liebsten reisen.

9   **Ergänzen Sie.**   6 Punkte

Es kommt darauf an, was er kostet. ● Kann ich etwas für Sie tun? ● Aber trotzdem danke für Ihre Mühe. ● Können Sie mir da einen empfehlen? ● Wirklich? Also, ich weiß nicht. ● Wie wäre es mit diesem hier?

● Guten Tag. ....

▲ Ja, bitte. Ich suche einen guten Reiseführer über Salzburg.

....

● Selbstverständlich. Gern. ....
Das ist der beste Reiseführer, den es zurzeit gibt!

▲ .... Da sind ja kaum Bilder drin, nur Text.
Das sieht ein bisschen langweilig aus.

● Aber Sie finden darin echte Insider-Tipps. ... Und? Nehmen Sie ihn?

▲ Hm, ich weiß nicht. ....

● 29,90 Euro.

▲ Wie bitte? Fast 30 Euro. Nein, das ist mir viel zu teuer.

....

10 **Hören Sie und antworten Sie. Wählen Sie hier die passende Antwort aus.** 6 Punkte

TRACK
30

Ehrlich gesagt, das finde ich ganz schön teuer. ● Nun, Sie sollten am besten schwarz sein. Und ich brauche Größe 43. ● Wenn ich schon so teure Schuhe kaufe, dann kann ich gleich noch die passende Pflege nehmen. ● Ich hätte gern Schuhe für den Herbst. ● Gut. Sie haben mich überzeugt. Ich nehme die Schuhe. ● Ja, die gefallen mir. Was kosten sie denn?

SPRECHEN: 5 + 6 + 6 = 17 Punkte
Ich: __ + __ + __ = __ Punkte

LERN TIPP

Briefe schreiben

Die meisten Briefarten haben ein festes Schema. Dieses wird nur variiert. Darum können Sie sich auf das Schreiben von Briefen gut vorbereiten. Eine Anfrage besteht zum Beispiel aus der Anrede, dem Grund für das Schreiben, aus Fragen, die man zu dem Produkt / dem Hotel … hat, einer Bitte (um Informationen oder Prospekte) und einem Gruß. Überlegen Sie doch einmal, welche festen Bestandteile
– eine Bewerbung: Begründung, warum man für den Job geeignet ist …
– ein Leserbrief: eigene Meinung/Kommentar …
hat. Sammeln Sie passende Ausdrücke und Wendungen zu jedem Teil des Briefes.

LERN TIPP

11 **Schreiben Sie eine Anfrage. Benutzen Sie dabei folgende Wendungen.** 6 Punkte

Ist es möglich, dass … ● Ich würde auch gern wissen, … ● Ich hätte aber gern noch ein paar Informationen. ● Könnten Sie mir mitteilen, …

Sie haben eine Anzeige von einem Tierhotel gelesen. Dorthin kann man sein Tier bringen, wenn man in Urlaub fährt oder krank ist. Das finden Sie interessant, weil sie oft auf Geschäftsreise sind und dann jemanden brauchen, der sich um Ihren Hund kümmert. Erklären Sie, warum Sie schreiben, und stellen Sie Ihre Fragen:

– Kosten für einen Tag?
– Garten für Tiere?
– Wie oft Spaziergang?
– Tierabholung möglich?

> Sehr geehrte Damen und Herren,
> …
>
>
> Besten Dank im Voraus für die Auskunft.
> Mit freundlichen Grüßen
> …

SCHREIBEN: 6 Punkte
Ich: __ Punkte

60–55:	54–49:	48–43:	42–37:	36–31:	30–0:	**Meine Punkte:**
Super!	Sehr gut!	Gut.	Es geht.	Noch nicht so gut.	Ich übe noch.	_____

Noch mehr Übungen finden Sie unter http://www.hueber.de/schritte-plus → Lernen

Grammatik

1 **Wenn das Wörtchen „wenn" nicht wär! Schreiben Sie zwei Varianten.** 8 (4 x 2) Punkte

a (wir – früher losfahren)

Wären wir bloß früher losgefahren!

Wenn wir bloß früher losgefahren wären!

Dann wären wir dem Betrunkenen vielleicht gar nicht begegnet!

b (ich – nicht bleiben)

....

....

Dann hätte ich jetzt nicht dieses Lied im Kopf!

c (Sie – mehr Sport treiben)

....

....

Dann hätten Sie keine Bandscheibenprobleme.

d (ich – einen neuen Stadtplan kaufen)

....

....

Dann könnte ich die Marsstraße leichter finden!

e (ich – den Auftrag nicht annehmen)

....

....

Dann wäre mir jetzt wohler!

2 **Ergänzen Sie.** 8 Punkte

in ihn ● darauf ● darüber ● darüber ● damit ● mit ihm ● davon ● über

▲ Sie leben in einer Wochenendbeziehung. Sind Sie zufrieden ....?

● Na ja, es geht. Marcel hat einen guten Job in Hamburg und ich war eben so verliebt

.... Deshalb habe ich die Situation akzeptiert. Ich gebe zu: Ich warte die ganze

Woche auf das Wiedersehen ....

▲ Sie freuen sich immer sehr auf das Wochenende, verstehe ich das richtig?

● Stimmt, ich freue mich wirklich immer total .... Aber es hat natürlich auch

Vorteile, unter der Woche allein zu sein. Ich kann so oft Klavier spielen, wie ich will. Wissen Sie, mein

Ex-Freund hat sich .... die Überei immer aufgeregt. Aber Marcel kann sich nicht

.... ärgern, denn er bekommt es ja nie mit, wenn ich übe.

▲ Wollen Sie irgendwann zusammenziehen?

● Wir haben noch nicht .... gesprochen. Aber ich träume schon

...................................., dass wir eines Tages eine

gemeinsame Wohnung haben.

GRAMMATIK:	8 + 8 = 16 Punkte
Ich:	__ + __ = __ Punkte

Wortschatz

3 **Was sagt der Makler den Kunden? Ergänzen Sie:** *entweder ... oder ...,* 5 Punkte
zwar ... aber ..., nicht nur ... sondern auch ...

a Tja, Herr Müller, tut mir leid, die Wohnung ist schon weg. Sie müssen
.... pünktlich zum Besichtigungstermin kommen
.... wenigstens Bescheid sagen, dass Sie sich verspäten.

b Die Wohnung ist super! Sie hat .... einen
Balkon, ... eine Dachterrasse.

c Zwei Autos haben Sie? Nun, es gibt in dem Haus ....
keine Tiefgarage, ... vor dem Haus sind mehrere
Stellplätze. Dort können Sie Ihre Autos abstellen.

d Diese Wohnung ist eine einmalige Gelegenheit. Sie zahlen .... etwas mehr Miete als
üblich, ... dafür brauchen Sie keine Kaution zu bezahlen und bekommen die
Einbauküche kostenlos dazu.

e Aha, Sie suchen also eine Wohnung, die zentral liegt. Also, da kann ich Ihnen ....
eine Wohnung im 10. Stock ohne Lift .... eine Wohnung mit Lift an der Autobahn
anbieten.

4 **Ergänzen Sie.** 8 Punkte

abgemacht ● ausziehen ● entschieden ● gemietet ● geheizt ● gebaut ● eingerichtet ● besichtigt

a ● Ich hätte nicht gedacht, dass es so schwer ist, die passende Wohnung zu finden. Wir haben
bestimmt schon zwanzig Wohnungen ...., aber die richtige war nicht dabei.

   ▲ Aus diesem Grund haben wir uns selbst ein Häuschen ....

b ● Irgendetwas stimmt mit diesem Holzofen nicht. Wir haben ihn stundenlang ....,
aber die Wohnung wurde nicht warm.

   ▲ Deshalb haben wir uns gegen einen Holzofen .... Er macht nur Ärger und
Schmutz.

c ● Wir haben eine Altbauwohnung .... und alles schön .... Aber
jetzt will der Vermieter nach nur drei Monaten, dass wir wieder ....

   ▲ Wie kann das sein? Es war doch ...., dass ihr die Wohnung mindestens zehn Jahre
haben könnt, wenn ihr euch selbst um die Renovierung kümmert.

WORTSCHATZ: 5 + 8 = 13 Punkte
Ich: __ + __ = __ Punkte

Lesen Sie die Geschichte und kreuzen Sie an: Was ist richtig?

Ein Schloss ist ☐ ein großes und wertvolles Haus, in dem Könige wohnen.
              ☐ eine Königin, die über ein Land regiert.
              ☐ etwas an Türen oder Koffern zum Abschließen (mit einem Schlüssel).

PAUSE

5 Welche Grafik passt? Lesen Sie und ordnen Sie zu.

A
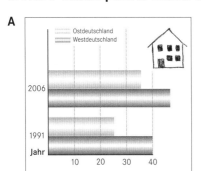

B

C
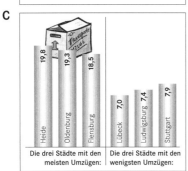

D

☐ **Stadt der einsamen Herzen**
Rund 40 Millionen Privathaushalte gibt es in Deutschland. Die Größe der Haushalte hat sich in den vergangenen 20 Jahren jedoch stark verändert. So ist die Zahl der Ein- und Zweipersonenhaushalte gestiegen, die Menge der Haushalte mit drei oder mehr Personen gesunken. Dies gilt besonders für die drei Stadtstaaten Berlin, Hamburg und Bremen. Dort lebt heute circa die Hälfte aller Einwohner in einem Single-Haushalt. Zum Vergleich: In den Flächenbundesländern liegt der Anteil der Einpersonen-haushalte zwischen 36 und 41 Prozent.

☐ **Eigener Herd ist Goldes wert**
Die eigene Wohnung, das eigene Haus spielt in Deutschland keine so große Rolle wie in anderen europäischen Ländern. So leben in Westdeutschland nur circa 45 Prozent, in den ostdeutschen Bundesländern gerade mal ein Drittel in den eigenen vier Wänden. Aber das Eigenheim bekommt einen immer größeren Stellenwert. Denn Anfang der 1990er-Jahre wohnten nur knapp 40 Prozent der Westdeutschen im eigenen Heim und sogar nur 25 Prozent der Ostdeutschen.

☐ **Mobile Deutsche**
Noch nie sind die Deutschen so oft umgezogen wie heute. Aber die Situation ist nicht überall gleich. Im Ranking der meisten Umzüge liegen gleich drei norddeutsche Städte vorn. Die Menschen in Süddeutschland ziehen im Schnitt seltener um, obwohl das auf den ersten Blick nicht so aussieht: Denn Lübeck, die Stadt mit den wenigsten Umzügen, liegt bekanntlich im Norden.

☐ **Mehr Platz!**
Die Deutschen werden zwar weniger, das heißt aber nicht, dass sie mit kleineren Wohnungen zufrieden sind. Im Gegenteil: Das Platzangebot pro Kopf steigt. Ein Bürger hat inzwischen im Durchschnitt fast 42 Quadratmeter Wohnfläche zur Verfügung. Damit hat sich die Wohnfläche pro Person seit den 1960er-Jahren fast verdoppelt. Zum Vergleich: 1965 standen pro Person circa 22 Quadratmeter zur Verfügung, 1989 knapp 35 Quadratmeter.

6 Lesen Sie noch einmal und kreuzen Sie an: richtig oder falsch?

		richtig	falsch
a	Früher lebten mehr Menschen zusammen in einer Wohnung.	☐	☐
b	Immer mehr Deutsche besitzen eine eigene Wohnung oder ein eigenes Haus.	☐	☐
c	Die Menschen aus Lübeck ziehen besonders häufig um.	☐	☐
d	Jeder Deutsche lebt heute auf etwa 42 Quadratmetern.	☐	☐

LESEN: 4 + 4 = 8 Punkte
Ich: __ + __ = __ Punkte

LERN TIPP

Wortschatz erschließen

Vieles kann man ohne Wörterbuch verstehen. Probieren Sie einmal diese Lesetechnik: Lesen Sie Zeile für Zeile und decken Sie den restlichen Text mit einem Lineal oder einem Blatt Papier zu. Überlegen Sie am Ende einer Zeile, wie der Satz weitergehen könnte. Vergleichen Sie, ob Ihre (Lese-)Erwartung bestätigt wird.

Oder: Nehmen Sie nicht schon beim ersten unbekannten Wort ein Wörterbuch, sondern lesen Sie den Satz oder den Abschnitt zu Ende. Lassen Sie in Ihrem Kopf eine „Lücke" für die unbekannte Stelle. Prüfen Sie dann, ob das Wort oder der Ausdruck sich durch das Weiterlesen von selbst klärt. Wie ist es zum Beispiel in den Texten auf Seite 36? Konnten Sie alle Ausdrücke aus dem Kontext „lösen"?

LERN TIPP

---

7 **Hören Sie die Nachrichten auf dem Anrufbeantworter und ergänzen Sie die Notizen.** 5 Punkte

TRACK
31–35

1

Umzug Annette:
am ....
um ....
Uhr

2

HERRN BARTH ANRUFEN
HANDY:
....
(ABENDS UND
.............................).

3

Hallo Thorsten, die Immobilien-
maklerin hat angerufen. Das
....
ist leider schon weg. Aber sie
bietet uns ein
....
an. Was meinst du?
Gruß und Kuss, Silke

4

Auto in
....
parken!

5

....
bei Stefan,
....
mitbringen!

HÖREN: 5 Punkte
Ich: ___ Punkte

---

8 **Was können Sie auch sagen? Kreuzen Sie an.** 4 Punkte

a Ich wollte Sie bitten, nach 22 Uhr nicht mehr zu waschen.
☐ Entschuldigen Sie bitte, dass Sie nach 22 Uhr nicht mehr waschen dürfen.
☐ Könnten Sie bitte darauf achten, dass Sie nach 22 Uhr nicht mehr waschen?

b Entschuldigen Sie, aber es stört mich, wenn Sie auf dem Balkon rauchen.
☐ Es wäre schön, wenn Sie Rücksicht nehmen könnten und nicht auf dem Balkon rauchen würden.
☐ Ich finde es besser, dass Sie jetzt auf dem Balkon rauchen.

c Es tut mir schrecklich leid, dass ich nicht besser aufgepasst habe.
☐ Es ist mir wirklich unangenehm, dass ich Ihnen das sagen muss.
☐ Entschuldigen Sie! Ich werde ab jetzt besser aufpassen.

d Ich hoffe, dass wir dieses kleine Problem lösen können.
☐ Es wäre schön, wenn wir dieses kleine Problem lösen könnten.
☐ Wir hatten doch abgemacht, dass wir dieses kleine Problem lösen.

9   **Ergänzen Sie das Gespräch.**   4 Punkte

Dann beschweren Sie sich doch beim Vermieter. ● Das ist nicht mein Problem. ● Das geht Sie doch nichts an! ● Das ist ein starkes Stück!

▲ Äh, hallo, Frau Wutz. Kann ich Sie kurz sprechen?

● Klar. Was gibt es denn?

▲ Also, Ihr Hund, der läuft ja immer frei herum. Und – nun ja – er macht sein Geschäft immer auf den Gartenweg.

● Na und? ....

▲ Aber ich bin schon zweimal hineingetreten.

● .... Passen Sie doch besser auf, wo Sie hintreten.

▲ Also, ich muss schon sagen: .... Es ist doch Ihre Aufgabe als Besitzerin, Verunreinigungen durch den Hund zu entfernen.

● Na! ....

▲ Ja, das muss ich dann wohl machen. Schade. Ich hatte gehofft, dass wir das unter erwachsenen Menschen regeln könnten. Wiedersehen.

10   **Schreiben Sie das Gespräch noch einmal freundlich.**   4 Punkte

Die Nachbarin reagiert zuerst erstaunt. Als Sie erklären, dass Sie schon zweimal hineingetreten sind, entschuldigt Sie sich und verspricht, in Zukunft aufzupassen. Bedanken Sie sich und verabschieden Sie sich.

> ▲ Hallo, Frau Wutz. Kann ich Sie kurz sprechen?
> ● Klar. Was gibt es denn?
> ...

SPRECHEN: 4 +   4 +   4 = 12 Punkte
Ich: __ + __ + __ = __ Punkte

11   **Schreiben Sie einen Brief an Ihre Nachbarin, Frau Mayer.**   6 Punkte

Erklären Sie kurz das Problem: Ihre Nachbarin hört sehr laut Musik. Sie müssen sich aber auf den *Deutsch-Test für Zuwanderer* vorbereiten und die Musik stört Sie beim Lernen. Bitten Sie höflich darum, die Musik leiser zu drehen, und bedanken Sie sich für das Verständnis. Vergessen Sie nicht Anrede und Gruß!

SCHREIBEN: 6 Punkte
Ich: __ Punkte

60–55:	**54–49:**	**48–43:**	**42–37:**	**36–31:**	**30–0:**	**Meine Punkte:**
Super!	Sehr gut!	Gut.	Es geht.	Noch nicht so gut.	Ich übe noch.	_____

Noch mehr Übungen finden Sie unter http://www.hueber.de/schritte-plus → Lernen

Grammatik

1   **Eine gute Beziehung. Ergänzen Sie.**   9 Punkte

Ein guter Partner ist für mich ein Mann, ...

a ..*über den*........ ich mich nicht ständig ärgern muss.

b .... auch im Haushalt mithilft.

c .... ich immer gern denke.

d .... ich auch eine Freundschaft haben kann.

e .... ich regelmäßig Blumen und kleine Geschenke bekomme.

Eine gute Partnerin ist für mich eine Frau, ...

f .... ich auch Kritik annehmen kann.

g .... mich nicht für alle Probleme verantwortlich macht.

h .... ich gern kleine Geschenke mache.

i .... ich meine Hobbys teilen kann.

j .... ich mich jeden Tag freue.

2   **Eine Diskussion. Schreiben Sie Sätze mit *je ... desto ...***   5 Punkte

▲ *Je länger man sich kennt, desto langweiliger wird die Beziehung.* ....

(sich lange kennen – die Beziehung langweilig werden)

● So ein Quatsch. ....

....

(sich gut kennen – viel Vertrauen haben können)

▲ Na ja. Aber ....

....

(lange zusammen sein – wenig aufmerksam dem Partner gegenüber sein)

● Das muss aber nicht so sein. ....

....

(die Liebe groß sein – die Gefühle intensiv bleiben)

▲ Träum weiter! Das ist doch romantisches Wunschdenken. ....

....

(die Beziehung alt sein – ein Paar wenig reden miteinander)

Das ist bewiesen!

● Nun ja. Es ist natürlich klar: ....

....

(viel Zeit vergehen – sich viel um den anderen bemühen müssen)

Aber das sollte doch möglich sein.

GRAMMATIK: 9 +   5 = 14 Punkte

Ich: __ + __ = __ Punkte

3 **Bilden Sie Nomen mit *-keit*, *-schaft* oder *-ung*.** 8 Punkte

a das Wissen   *die Wissenschaft* ....   **f** trennen   ....

b der Mann   *die* ....   **g** der Freund   ....

c entfernen   ....   **h** aufmerksam   ....

d enttäuschen   ....   **i** zuverlässig   ....

e sparsam   ....

4 **Ergänzen Sie. Achten Sie auf die richtige Form!** 6 Punkte

(die) Jugendlichen ● (der) Herr ● (der) Kollege ● (der) Deutsche ● (der) Deutsche ● (die) Erwachsenen

a

Hallo Hanna, ich soll einen Artikel über Freundschafts-Netzwerke schreiben. Hast Du nicht einen .... in Deiner Firma, der damit gute Erfahrungen gemacht hat? Kannst Du mir seine Telefonnummer geben? Danke und Gruß – Katja

b   Kinoprogramm für Samstag, 13. Oktober

Das neue Leben des .... Horten.   **17:30, 20:00, 22:30**

c

Albert Einstein – ein ....?
Der berühmte Physiker Albert Einstein wurde in Ulm geboren. Auf eigenen Wunsch gab er mit 17 Jahren die deutsche Staatsangehörigkeit auf, war zunächst staatenlos und ab 1901 Bürger der Schweiz. 1911 bekam er auch den österreichischen Pass. Als Professor an der Universität Berlin wurde Einstein 1914 wieder .... Unter den Nazis verlor er die deutsche Staatsangehörigkeit erneut. 1940 bekam er die amerikanische Staatsbürgerschaft und war bis zu seinem Tod Schweizer und Amerikaner.

d

Alkoholverkauf nur an ....
Mit einem Aktionsplan sollen die Tankstellen zum freiwilligen Verzicht auf den Verkauf von Alkohol an ....
motiviert werden.

WORTSCHATZ: 8 + 6 = 14 Punkte
Ich: __ + __ = __ Punkte

LERN TIPP

Wortbildung – Teil 1: Nomen

Sich mit den Mechanismen der deutschen Wortbildung zu beschäftigen, hat viele Vorteile. Es hilft,

– Wörter zu verstehen. Ein Beispiel: Sie kennen das Wort „Freund". In einem Text lesen Sie das Wort „Freundschaft". Weil Sie wissen, dass *-schaft* eine Endung für Nomen ist, haben Sie sicher gleich eine Idee, was das Wort bedeuten könnte.
Überlegen Sie einmal, was diese Wörter bedeuten könnten, und vergleichen Sie mit dem Wörterbuch: befreundet (sein), freundschaftlich.

– sich neue Wörter leichter einzuprägen. Von „Freund" zu „Freundschaft" oder „freundschaftlich" ist der Lernschritt nicht zu groß.

– seine Wortschatzkenntnisse zu erweitern.

LERN TIPP

Lesen

5 Was ist richtig? Lesen Sie und kreuzen Sie an.

5 Punkte

Lieber Antonio,

danke für Deine E-Mail. Ich habe mich gefreut, mal wieder von Dir zu hören.

Du schreibst, dass Ihr im Deutschkurs über die Anredeformen diskutiert habt, und willst meine Meinung dazu hören. Es fällt mir gar nicht leicht, Dir darauf eine Antwort zu geben. Obwohl ich Deutscher bin, finde ich es oft schwierig zu entscheiden, ob ich jemanden siezen oder duzen soll. Ich mache das oft nach Bauchgefühl. Aber ich denke, es ist generell so, dass heute mehr geduzt wird als früher. Bei Firmen hängt es zum Beispiel von der Firmenkultur ab, ob Kollegen sich untereinander duzen oder eher siezen. Bei uns auf dem Bau duzen wir alle, auch die älteren Kollegen. Aber ich weiß, dass meine Schwester, die Sekretärin in einem großen Konzern ist, von den meisten Kollegen gesiezt wird. Nur die Sekretärinnen untereinander duzen sich dort.

Soweit ich weiß, ist es heute so, dass es kein festes Alter mehr gibt, das über Du oder Sie entscheidet, sondern dass vor allem der Altersunterschied zwischen zwei Personen entscheidet, ob sich jemand korrekt angesprochen fühlt. Ich habe mal gelesen, dass besonders Leute zwischen 30 und 40 ein Problem mit dem Sie haben. Viele von ihnen ärgern sich, wenn eine jüngere Person sie siezt. Sie sehen das nicht als Zeichen des Respekts, sondern als (unwillkommenen) Beweis für ihr Alter. Denn sie selbst fühlen sich noch sehr jung. Mir fällt da eine Situation im Schwimmbad ein: Ich gehe Donnerstagmorgen immer schwimmen und da ist zur gleichen Zeit eine Schulklasse. Als ich mich föhnen wollte, habe ich eine der Jugendlichen gefragt, ob sie den Föhn braucht oder ob ich ihn schon haben könnte. Und natürlich habe ich sie geduzt, sie war ja höchstens 15. Was sagt sie? „Klar kannst du ihn haben." Ich muss sagen, dass ich mich sehr darüber gefreut habe, dass sie mir meine 32 Jahre entweder nicht angesehen hat oder wenigstens fand, dass ich jung genug bin, um geduzt zu werden.

Woanders habe ich gelesen, dass die Art der Anrede oft schon zu Beginn einer Bekanntschaft festlegt, in welcher Rolle man gesehen wird. Ein Beispiel: Ich ziehe in ein kleines Dorf. Ich kann dann entweder gleich bei allen Dorffesten mithelfen und bin sicher schnell überall „der Klaus". Oder ich kann mich mit „Herr Professor" vorstellen. Da wird mir kaum einer das Du anbieten. Wenn man da am Anfang die Gelegenheit verpasst, ist der Wechsel vom Sie zum Du kaum noch möglich. Bei unseren Nachbarn zum Beispiel: Wir haben uns am Anfang gesiezt, weil wir uns ja nicht kannten und sie viel älter sind als Tine und ich. Inzwischen haben wir schon öfter zusammen Kaffee getrunken und verstehen uns ziemlich gut. Aber ich finde es immer schwieriger, Ihnen das Du anzubieten. Auch weil ich nicht sicher bin, ob nicht sie als die Älteren das Du anbieten müssten.

Du siehst, je länger man darüber nachdenkt, desto komplizierter wird es. Tut mir leid, dass ich Dir als Muttersprachler keine eindeutigen Regeln nennen kann.

Schreib mir bald wieder.

Viele Grüße

Klaus

a Die Regeln für die deutschen Anredeformen sind ☐ klar. ☐ nicht ganz klar.

b In Firmen ☐ duzen sich die Mitarbeiter. ☐ gibt es unterschiedliche Gewohnheiten bei der Anrede.

c ☐ Das Alter ☐ Der Altersunterschied entscheidet darüber, wie jemand angesprochen werden möchte.

d Menschen zwischen 30 und 40 finden das Du einer jüngeren Person oft ☐ positiv. ☐ negativ.

e Die Rollen in einer Beziehung ☐ werden am Anfang bestimmt. ☐ können sich später noch ändern.

6 **Was denkt Klaus persönlich über das Thema? Lesen Sie noch einmal den Brief** `5 Punkte`
auf Seite 41 und kreuzen Sie an: richtig oder falsch?

		richtig	falsch
a	Klaus ist zwar Deutscher, aber auch er ist nicht immer sicher bei der Anrede.	☐	☐
b	Er ärgert sich, wenn Jugendliche ihn einfach duzen.	☐	☐
c	Er empfiehlt, sich in einem kleinen Dorf gleich mit Vornamen vorzustellen.	☐	☐
d	Es fällt ihm schwer, seinen Nachbarn das Du anzubieten.	☐	☐
e	Ein Grund dafür ist, dass die Nachbarn älter sind.	☐	☐

LESEN: 5 + 5 = 10 Punkte
Ich: __ + __ = __ Punkte

7 **Woran denken Jugendliche bei „Freundschaft"?** `6 (12 x 0,5) Punkte`
Hören Sie und kreuzen Sie an.

TRACK
36–42

	Vinzent	Ariane	Pascal	Cora	Wolfi	Franziska
Gemeinsame Freizeit / Unternehmungen						
Zusammen lachen						
Gut reden können						
Sich gegenseitig helfen						
Freunde sind wichtiger						
Die Familie ist wichtiger						
Familie und Freunde sind gleich wichtig						
Freundschaften mit dem anderen Geschlecht sind möglich						

HÖREN: 6 Punkte
Ich: __ Punkte

PAUSE

Lesen Sie die Wendungen und kreuzen Sie an: Was ist richtig?

a Was sich liebt, das neckt sich.
  ☐ Verliebte ärgern sich gern gegenseitig.
  ☐ Wenn zwei sich lieben, streiten sie nie.

b Liebe macht blind.
  ☐ Wer zu sehr liebt, der braucht eine Brille.
  ☐ Wer liebt, der sieht die Fehler des Partners nicht mehr.

c Alte Liebe rostet nicht.
  ☐ Liebe zwischen alten Menschen funktioniert nicht gut.
  ☐ Eine Jugendliebe vergisst man nicht.

d Liebe geht durch den Magen.
  ☐ Je besser jemand kochen kann, desto größer wird die Liebe des Partners.
  ☐ Verliebte haben vor Liebe Magenschmerzen.

8 **Ergänzen Sie das Gespräch.** 6 Punkte

Du bist dran. ● Man muss auch verlieren können. ● Dann musst du eine Karte ziehen. ●
Juhu, gewonnen! ● Jetzt aber Revanche! ● Das ist gegen die Regel!

▲ Wollen wir „Elfer raus" spielen? Das ist ein Karten-
spiel. Wir haben Karten mit den Nummern eins
bis zwanzig. Zuerst legt man die Elfer raus. Dann
darf man rechts vom Elfer die Karten zwölf bis
zwanzig legen, links davon die Karten zehn bis
eins.

● Okay. Probieren wir es. Oh! Ich kann nichts
legen.

▲ ....

● Ah, gut. Jetzt geht es. Hier: die Zwölf.

....

▲ Gut. Ich lege die Dreizehn und die Vierzehn.

● Und ich die rote Zehn.

▲ He, die hattest du aber vorher auch schon in der
Hand, oder?

....

Du musst deine Karten sofort legen.

● Warum? Das ist Strategie! Hier meine letzten
Karten.

....

▲ Das ist nicht fair. Du hast geschummelt.

● Ach was!

....

▲ Wenn du meinst.

....

9 **Was passt? Ordnen Sie zu.** 4 Punkte

a Wollen wir uns nicht duzen?

b Das ist ja schön, dass ich Sie mal
kennenlerne, Herr Halbig.

c Mein Name ist Friedrich Halbig.

d Jetzt kennen wir uns schon so lange.

Wir sagen hier alle Du zueinander. Ist Ihnen das recht,
Herr Halbig?

Ja, gern. Ich heiße Friedrich.

Stimmt. Deshalb fände ich es schön, wenn wir „du" sagen.

Ja, freut mich auch. Übrigens, von mir aus können wir
uns gern duzen.

SPRECHEN: 6 + 4 = 10 Punkte

Ich: ___ + ___ = ___ Punkte

10 **Lesen Sie noch einmal den Brief von Klaus auf Seite 41
und schreiben Sie eine Antwort.** 6 Punkte

Wählen Sie zwei Fragen aus und schreiben Sie zu jeder Frage mindestens zwei Sätze. Schreiben Sie auch
eine Einleitung und einen Schlusssatz. Geben Sie den Brief Ihrer Kursleiterin / Ihrem Kursleiter
oder deutschsprachigen Freunden zur Korrektur.

– Was finden Sie an den deutschen Anredeformen einfach/kompliziert und warum?

– Welche Beispiele von Klaus finden Sie interessant/hilfreich und warum?

– In Ihrer Sprache gibt es die Anrede mit Sie und Du auch. Welche Regeln gelten für die Anrede?

– In Ihrer Sprache gibt es die Anrede mit Sie und Du nicht.
Wie machen Sie Unterschiede deutlich?

SCHREIBEN: 6 Punkte

Ich: ___ Punkte

60–55:	54–49:	48–43:	42–37:	36–31:	30–0:	Meine Punkte:
Super!	Sehr gut!	Gut.	Es geht.	Noch nicht so gut.	Ich übe noch.	_____

Noch mehr Übungen finden Sie unter http://www.hueber.de/schritte-plus → Lernen

Grammatik

1   **Giovanni ist sauer auf Maja und Nasseer. Was sagt er? Schreiben Sie Sätze mit *während*.**

a   *Während ihr am Drucker rumgespielt habt, habe ich Pizza für die Kunden gebacken.*

(am Drucker rumspielen – Pizza für die Kunden backen)

b ....

....

(im Internet surfen – alle Bestellungen aufnehmen müssen)

c ....

....

(eine neue Software installieren – Herrn Müller von gegenüber ein Currygericht bringen)

d ....

....

(den PC blockieren – die Rechnungen mit der Hand schreiben müssen)

e ....

....

(fröhlich Pizza essen – allein die Küche putzen)

> Aber Giovanni! Es ist doch wichtig, dass der Drucker wieder funktioniert. Du tust ja so, als ob wir gar nichts geleistet hätten!

2   **Was erzählt Giovanni am Abend seiner Frau? Benutzen Sie seine Tätigkeiten aus Übung 1 und schreiben Sie Sätze mit *nachdem*.**

> a) *Nachdem ich mindestens zwanzig Curryhuhn mit Reis gemacht hatte, habe ich Pizza für die Kunden gebacken.*
> b) *Nachdem ich Pizza ...*

> Ich habe wirklich gearbeitet wie ein Pferd! Maja und Nasseer haben den ganzen Tag nur im Internet gesurft.

3   **Was haben Maja und Nasseer in Wirklichkeit gemacht? Benutzen Sie die Beispiele aus Übung 1 und schreiben Sie Sätze mit *als ob*.**

a *Giovanni tut so, als ob die beiden nur am Drucker rumgespielt hätten. Aber in Wirklichkeit haben sie ein Problem mit dem Drucker gelöst.* (ein Problem mit dem Drucker lösen)

b *Es scheint so, ... Aber in Wirklichkeit ...* (die Druckersoftware installieren)

c *Es sieht so aus, ... Aber ...* (auch die Bedienungsanleitung lesen müssen)

d *Er sagt das so, ...* (Giovanni den PC nie benutzen)

e *Es hört sich so an, ...* (den ganzen Nachmittag hart arbeiten)

GRAMMATIK: 4 + 4 + 4 = 12 Punkte

Ich: __ + __ + __ = __ Punkte

4 **Was passt? Ordnen Sie zu.**   5 Punkte

a eine Datei	ziehen
b die linke Maustaste	klicken
c den Stecker	drücken
d ein Programm	tippen
e auf der Tastatur	löschen
f auf „Senden"	installieren

5 **Ergänzen Sie.**   5 Punkte

Datei ● Fehlermeldung ● Kopierer ● Laufwerk ● Rechner

a ▲ Jetzt versuche ich schon seit Stunden, diese Software zu installieren. Aber ich bekomme ständig eine

....

● Hast du schon mal in der Bedienungsanleitung gelesen?

b ▲ Komisch, die .... öffnet sich nicht, egal, wie oft ich sie anklicke.

● Wahrscheinlich hängt das Programm. Am besten fährst du den .... herunter und startest ihn noch mal neu.

c ▲ Ich habe mir so ein schickes kleines Netbook gekauft. Aber jetzt habe ich gemerkt, dass es nicht mal ein CD-ROM-... hat. Mist!

● Tja, wenn du dir einen vernünftigen Laptop gekauft hättest!

d ▲ Frau Müller, der .... funktioniert nicht. Es kommt nur leeres Papier raus.

● Wahrscheinlich ist die schwarze Farbe aus. Sie müssen eine neue Patrone einlegen.

WORTSCHATZ: 5 +   5 = 10 Punkte

Ich: __ + __ = __ Punkte

PAUSE

Computer und Internet haben auch die Sprache verändert. Was bedeuten diese Ausdrücke? Kreuzen Sie an.

„Ich würde gern ein Wiki erstellen. Wie mache ich das?"

☐ Ich will etwas bei der Online-Enzyklopädie Wikipedia nachsehen. Wie kann ich die finden?

☐ Wie kann ich eine Internetseite bauen, die die Benutzer nicht nur lesen, sondern auch selbst ändern können?

„Das muss ich noch googeln."

☐ Das muss ich noch im Internet suchen.

☐ Da muss ich noch Glück wünschen.

„Meine Freundin und ich bloggen viel."

☐ Meine Freundin und ich blockieren viel.

☐ Meine Freundin und ich schreiben oft Internet-Tagebuch.

6 **Lesen Sie und kreuzen Sie an: richtig oder falsch?** 6 Punkte

Partner oder Handy?

Wer auf der Straße oder in Bus und Bahn um sich schaut, der vermutet es schon lange: Ohne Handy ist ein Leben für die meisten nicht mehr vorstellbar. Eine aktuelle Befragung Jugendlicher und junger Erwachsener bis 29 bestätigt dies nun. 97 Prozent von ihnen wollen auf das Handy nicht mehr verzichten. Dann schon lieber auf den Lebenspartner. Denn 47 Prozent halten den aktuellen Partner für verzichtbar. Aufs Auto, das ja in vielen Köpfen immer noch als des Deutschen liebstes Kind gilt, würden inzwischen 37 Prozent verzichten.

Auch das Internet ist ein fester Teil unserer Welt geworden. Für 84 Prozent der unter 30-Jährigen ist ein Alltag ohne die Möglichkeiten des World Wide Web unvorstellbar. In ihren Augen ist das Internet auch nicht „technisch" oder „anonym". Die Erfolge von Internetseiten wie Facebook oder StudiVZ zeigen das. Jeder zweite der jungen Internet-Nutzer hat schon reale Freunde über das Internet kennengelernt.
Trotz aller Erfolge gibt es im Netz – noch – eine „digitale Grenze". Denn laut Studie nutzen die unter 50-Jährigen das Internet doppelt so häufig wie die über 50-Jährigen.

		richtig	falsch
a	Das Handy ist für unter 30-Jährige sehr wichtig.	☐	☐
b	Mehr als die Hälfte der Befragten kann sich vorstellen, auf den Lebenspartner zu verzichten.	☐	☐
c	Das Auto ist für die Deutschen nicht mehr ganz so wichtig wie früher.	☐	☐
d	Viele junge Menschen können sich ein Leben ohne Internet nicht vorstellen.	☐	☐
e	Die Hälfte von ihnen hat durch das Internet Freunde gefunden.	☐	☐
f	Ältere Menschen nutzen das Internet heute doppelt so oft wie früher.	☐	☐

LESEN: 6 Punkte
Ich: __ Punkte

LERN TIPP

Wortbildung – Teil 2: Adjektive

In Informationstexten wie Zeitungsartikeln und Bedienungsanleitungen versucht man, möglichst viel Information auf wenig Platz unterzubringen. Vergleichen Sie:

Ein Leben ohne Handy kann man sich heute nicht vorstellen.
Ein Leben ohne Handy ist heute nicht vorstellbar.
Ein Leben ohne Handy ist heute unvorstellbar.

Andere Adjektiv-Endungen mit Bedeutung sind -frei/-los (ohne …), -arm (mit wenig …), -haltig (enthält …), -reich (mit viel …).
Beispiele: alkoholfrei, arbeitslos, kalorienarm, ölhaltig, chancenreich.

Legen Sie eine Liste mit Endungen und Beispielen an.

LERN TIPP

---

7 **Was ist richtig? Hören Sie und kreuzen Sie an.** 5 Punkte

TRACK
43–47

1 ☐ Michi hat das Drucker-Problem gelöst.   ☐ Lena kann den Drucker morgen abholen.

2 Die Maus funktioniert nicht, weil ☐ der Rechner abgestürzt ist.   ☐ weil der Mann Maus und Computer nicht verbunden hat.

3 Alle Hokiplus-Handys ☐ kosten heute 199 Euro.   ☐ haben 50 Klingeltöne.

4 ☐ Der Kaffeeautomat ist kaputt.   ☐ Der Mann hat vergessen, eine Taste zu drücken.

5 Netbooks ☐ sind sehr kleine Computer.   ☐ haben viele Nachteile.

Hören und Sprechen

8 **Hören Sie und ergänzen Sie die Aussagen. Achtung: Nicht alles passt!** 5 Punkte

trinken sie Alkohol • werden sie nervös • können auch computerspielsüchtig werden • sprechen mit Freunden darüber • ein ganz normaler Gegenstand • im Alltag nicht so wichtig wie der Fernseher • interessiert sich nicht mehr für Hobbys und Freundschaften • denkt nicht mehr an den Computer • Nur ganz wenige • Immer mehr

a Der Computer ist für die Jugendlichen von heute ....

b Wer süchtig nach Computerspielen ist, ...

c Wenn Spielsüchtige nicht mehr spielen können, ...

d .... sind süchtig.

e Erwachsene, die Stress oder Probleme vergessen wollen, ...

HÖREN: 5 + 5 = 10 Punkte

Ich: __ + __ = __ Punkte

9 **In einer fremden Stadt. Ergänzen Sie das Gespräch.** 8 Punkte

Könnten Sie mir vielleicht zeigen • Sehen Sie, da vorne steht ein Parkautomat • Zuerst müssen Sie hier Geld • Entschuldigen Sie, ich bin zum ersten Mal • Woher weiß ich denn • Zuletzt müssen Sie den Parkschein • Das war sehr freundlich von Ihnen • Dann müssen Sie die grüne Taste drücken und warten

▲ .... in Neudorf. Können Sie mir vielleicht sagen, ob man hier Parkgebühren zahlen muss?

● Ja. Wenn Sie nur zehn Minuten hier stehen bleiben, ist es kostenlos. Aber dann brauchen Sie einen Parkschein. ....

▲ ...., wie der funktioniert?

● Kein Problem, gern. Es ist ganz einfach. .... für die Parkzeit einwerfen.

▲ ...., wie viel Geld ich einwerfen muss?

● Hier am Automaten steht es: Dreißig Minuten kosten 50 Cent, eine Stunde einen Euro und so weiter. Man darf maximal zwei Stunden hier parken.

▲ Aha. Und dann?

● ...., bis der Parkschein gedruckt wird. .... gut sichtbar in Ihr Auto legen.

▲ Vielen Dank für die Hilfe. ....

● Bitte, gern. Einen schönen Tag noch.

SPRECHEN: 8 Punkte

Ich: __ Punkte

10 Schreiben Sie eine passende Reaktion in die Lücken.   6 Punkte

So ein Verhalten finde ich unmöglich. • Ehrlich gesagt, ich würde das nicht machen. • Das Gefühl kenne ich gut. Mein Freund chattet auch viel. • Das zeigt doch, dass er deine Gefühle ernst nimmt. • Du nutzt doch selbst die Vorteile des Internets. Deshalb solltest Du toleranter sein. • Das sehe ich auch so.

a
▲ Mein Freund chattet den ganzen Tag. Ich habe das Gefühl, dass ich ihm nicht mehr wichtig bin.
● ....

b
▲ Ich finde, er müsste auch mal mit mir etwas unternehmen, oder?
● ....

c
▲ Neulich hat er bis in die Nacht mit einer Frau gechattet. Alles nur Freundschaft, sagt er.
● ....

d
▲ Ich habe ihm gesagt, dass mich das sehr verletzt, und er hat mir rote Rosen mitgebracht.
● ....

e
▲ Ich habe überlegt, ob ich mir auch eine Internetbekanntschaft suchen sollte. Was meint ihr?
● ....

f
▲ Ich denke, man sollte das Chatten verbieten. Das bringt nur Unglück!
● ....

11 Ihre Meinung ist gefragt. Lesen Sie und schreiben Sie eine Antwort.   8 (6 + 2) Punkte

Meine beste Freundin sucht seit Jahren ihren Traummann und hat dabei ganz genaue Vorstellungen: wie er aussehen soll, welches Auto er fahren soll, wie viel Geld er haben soll und so weiter. Seit Kurzem hat sie das Internet als Partner-Suchmaschine entdeckt und chattet wie wild mit fremden Männern. Sie hat sich auch schon mit mehreren getroffen. Aber Tatsache ist, dass die Typen in Wirklichkeit immer ganz anders waren. Einer hatte mal behauptet, dass er 35 ist. In Wirklichkeit war er mindestens 45. Ich finde, meine Freundin sollte überhaupt nicht aktiv nach einem Partner suchen. Der Richtige kommt dann von allein, oder?
Silvia

Hier finden Sie drei Fragen. Schreiben Sie zu jeder Frage mindestens zwei Sätze. Benutzen Sie mindestens zwei Ausdrücke von unten. Geben Sie den Kommentar Ihrer Kursleiterin / Ihrem Kursleiter oder deutschsprachigen Freunden zur Korrektur.
– Kann man Ihrer Meinung nach im Internet eine Partnerin / einen Partner finden? Warum (nicht)?
– Haben Sie oder Ihre Freunde Erfahrungen mit Internetbekanntschaften? Beschreiben Sie ein Beispiel.
– Was sollte eine Person (nicht) tun, die durch das Internet eine Partnerin / einen Partner finden möchte?

Ehrlich gesagt ... • Grundsätzlich stimme ich Dir zu ... • Ich verstehe (nicht), wieso Dich das so aufregt. • Ich sehe das nicht so wie Du. • Deine Freundin sollte ... • Ich nutze selbst das Internet, um ...

SCHREIBEN: 6 + 8 = 14 Punkte
Ich: __ + __ = __ Punkte

60–55:	54–49:	48–43:	42–37:	36–31:	30–0:	**Meine Punkte:**
Super!	Sehr gut!	Gut.	Es geht.	Noch nicht so gut.	Ich übe noch.	_____

Noch mehr Übungen finden Sie unter http://www.hueber.de/schritte-plus → Lernen

1 **Was gibt es zu sehen, zu hören, zu lesen? Ergänzen Sie.** 5 Punkte

a **Heimweh ... dort, ...*wo*..... die Blumen blühn.**
Heimatfilm/Drama mit Rudolf Prack.

b # Bildung – Alles, ... man wissen muss.
Von Dieter Schwanitz.

c Nichts, ... hilft.
Song von „Mein Mio" jetzt kostenlos downloaden!

d Da, ... ein Engel die Erde berührt.
Aus dem Album *Zwischen Himmel und Erde* von Andrea Berg.

e **Die Antwort der Forscher auf die Frage, ... die Seele wohnt.**
DVD-Vortrag des Neurobiologen G. Hüther

f **»Heimat ist etwas, ... ich mache«.**
Es gibt nicht mehr die eine Heimat, sondern viele mögliche Heimaten.
Buch von Prof. Dr. Beate Mitzscherlich

---

2 **Tag am Strand. Schreiben Sie.** 7 Punkte

Am Strand sehe ich ...

a Kinder, die Eis essen. *Eis essende Kinder.* ....
b Jugendliche, die flirten. ....
c einen Mann, der schläft. ....
d einen Jungen, der schwimmt. ....
e eine Frau, die liest. ....
f ein Kind, das weint. ....
g Möwen, die lachen. ....
h ein Paar, das sich küsst. ....

die Möwe

GRAMMATIK: 5 + 7 = 12 Punkte
Ich: __ + __ = __ Punkte

PAUSE

Ergänzen Sie die Zitate mit *wo* oder *was*. Welchem Zitat stimmen Sie zu?

Alles, ... Spaß macht, hält jung.
(Curd Jürgens)

Glück ist dort, ... man Glück schenkt.
(Jeremias Gotthelf)

Dort, ... man Bücher verbrennt, verbrennt man am Ende auch Menschen.
(Heinrich Heine)

Lies jeden Tag etwas, ... sonst niemand liest. Denke jeden Tag etwas, ... sonst niemand denkt. Tue jeden Tag etwas, ... sonst niemand albern genug wäre, zu tun.
(Gotthold Ephraim Lessing)

3 **Ergänzen Sie in der richtigen Form.**

abmachen • beschädigen • feststellen • umtauschen • verpacken • vorschlagen

a ▲ Ich möchte gern den Koffer ....

 ● Kein Problem. Haben Sie die Rechnung dabei?

b ▲ Vor ein paar Tagen war ich hier zum Kundendienst. Jetzt musste ich ....,
 dass Sie bei der Reparatur meinen Wagen .... haben. Das ist die Höhe!

 ● Beruhigen Sie sich. Ich ...., dass ich jetzt erst einmal den verantwortlichen
 Mechaniker hole, ja?

c ▲ Wir müssen die Päckchen gut ...., damit sie auch sicher ankommen. Und du
 schreibst dann noch die Briefe, okay?

 ● Hey, es war ...., dass du mir dieses Jahr bei der Weihnachtspost hilfst. Ich
 will nicht wieder alle Briefe allein schreiben.

4 **Ergänzen Sie: *sowohl ... als auch ...* oder *weder ... noch ...***

a Werbung, das bedeutet nicht nur, Produkte zu verkaufen. Die Werbung tut viel mehr: Sie hat Einfluss
.... auf die Gesellschaft .... auf das Alltagsleben.

b Wenn man der Werbung glaubt, sind Frauen heute spitze: Sie sind .... perfekte
Hausfrauen und Mütter .... mutige Karrierefrauen.

c Aber auch Männer müssen mehr leisten als früher, denn sie müssen .... starke
Siegertypen .... verständnisvolle Familienväter sein.

d Die Werbung tut oft so, als ob alle Menschen attraktiv und jung wären. Dabei denkt sie
.... an die weniger schönen Menschen .... an die Senioren.

e Dabei werden die Menschen durch die Produkte, für die geworben wird, ...
jünger und sportlicher .... attraktiver.

5 **Ergänzen Sie.**

erfolgreich • künstlich • mutig • gleichberechigt • weiblich

»Brave Mädchen kommen in den Himmel, böse kommen überallhin.« Diese Redewendung
bedeutet, dass Frauen, die .... ihren eigenen Weg gehen, im Leben
...................................er sind. Das heißt aber nicht, dass diese Frauen nicht mehr
.... sein dürfen. Im Gegenteil! Die modernen Frauen versuchen nicht
..................................., die Männer zu imitieren, sondern bleiben natürlich. Das sind die
wirklich ....en Frauen!

WORTSCHATZ: 6 + 5 + 5 = 16 Punkte

Ich: __ + __ + __ = __ Punkte

6 Lesen Sie die Überschriften. Welche Überschrift passt zu welchem Text?   3 Punkte
Ordnen Sie zu. Zu jedem Text passt nur eine Überschrift.

☐ Zwei in einem   ☐ Albträume im Auto   ☐ Gesünderer Schlaf durch Massage   ☐ Das intelligente Auto   ☐ Kopfunterlage mit Anti-Schnarch-Funktion   ☐ Eine Lampe, die nicht leuchtet

A   Der Informatiker Richard Walter sitzt mit seinem Laptop auf dem Rücksitz seines Autos und arbeitet. Das Auto beginnt zu rollen. Aber: Der Sitz des Fahrers ist leer. Selbstständig fährt das Auto los, hält an roten Ampeln und bremst rechtzeitig, als ein Kind zwischen parkenden Autos auf die Straße läuft.
Das fahrerlose Auto – Traum oder schon bald Wirklichkeit? „Wissenschaftlich und technisch ist das allein fahrende Auto möglich", meinen Forscher der Universität Karlsruhe. Bis 2018 wollen sie ihre Vision vom denkenden Auto realisieren.

B   Sie sieht aus wie eine Stehlampe, leuchtet wie eine Stehlampe und ist auch eine Stehlampe. Aber diese Stehlampe kann noch mehr. Sie ist mit einem Lautsprecher und einem Empfänger ausgestattet und kann mit einer Stereoanlage oder einem MP3-Player verbunden werden. So wird aus einer gewöhnlichen Stehlampe eine Licht spendende Musikanlage.

C   Forscher der Universität Rostock haben ein Kopfkissen entwickelt, das gegen das Schnarchen eingesetzt werden kann: Geräusche der schlafenden Person werden durch ein Mikrofon aufgenommen und von einem Computer analysiert. Bei Schnarchgeräuschen verändert das Kissen die Kopflage des Schläfers so lange, bis die Atmung wieder frei ist und der Schläfer mit dem Schnarchen aufhört. Und noch einen Vorteil hat dieses den Schnarcher erziehende Kissen: Man kann es auch als Nackenmassagegerät benutzen.

7 Lesen Sie noch einmal und kreuzen Sie an: Was ist richtig?   3 Punkte

A ☐ Das selbstständig fahrende Auto gibt es schon.
   ☐ Das intelligente Auto soll bis 2018 Wirklichkeit werden.

B ☐ Diese Stehlampe kann alles, was eine gewöhnliche Stehlampe auch kann.
   ☐ Sie sieht nur aus wie eine Lampe, ist aber in Wirklichkeit eine Stereoanlage.

C ☐ Das Kopfkissen hilft gegen Schnarchen.
   ☐ Das Kopfkissen kann Geräusche machen.

LESEN: 3 + 3 = 6 Punkte
Ich: __ + __ = __ Punkte

LERNTIPP

Lesestrategie

In Zeitungsartikeln und Fachbüchern sind die Informationen oft sehr dicht. Es gibt lange Sätze mit vielen Nebensätzen, aber auch sogenannte erweiterte Linksattribute, wie z.B.:
Wissenschaftlich und technisch ist das allein fahrende Auto möglich.
Dieses den Schnarcher erziehende Kissen hat noch einen Vorteil: Es …

So können Sie eine solche Struktur erkennen und verstehen:
1. Sie lesen ein Artikelwort (ein, mein, der …), danach folgt aber kein passendes Nomen (Auto, Kissen …). Gehen Sie mit den Augen nach rechts, finden Sie das Nomen und markieren Sie es.

2. Zwischen Artikel und Nomen finden Sie die zusätzliche Information. Finden Sie eine andere Formulierung dafür, zum Beispiel:
Wissenschaftlich und technisch ist ein Auto möglich, das allein fährt.
Dieses Kissen erzieht den Schnarcher. Es hat aber noch einen Vorteil: Es …

LERNTIPP

8 Lesen Sie „Murphys Gesetze". Welche der befragten Personen stimmt zu? 6 Punkte
Ordnen Sie zu.

TRACK
49–55

a Alles, was schiefgehen kann, geht schief.

b Die andere Schlange kommt stets schneller voran.

c Sobald man zum Arzt geht, sind die Schmerzen weg.

d Das Butterbrot fällt immer auf die Butterseite.

e Das, was du suchst, findest du immer dort, wo du zuletzt nachschaust.

f Geräte, die nicht gehen, funktionieren einwandfrei, sobald man den Fehler einem anderen zeigt.

Person	1	2	3	4	5	6
Gesetz						

HÖREN: 6 Punkte

Ich: __ Punkte

9 Ordnen Sie die passende Reaktion zu. 7 Punkte

a Sie haben doch versprochen, dass Sie zurückrufen.

b Die Suppe ist total versalzen.

c Wir haben schon öfter in Ihrem Restaurant gegessen. Diesmal waren wir aber gar nicht zufrieden.

d Also, der Fleck in meiner Hose ist beim Reinigen nicht rausgegangen.

e Seit drei Wochen warte ich jetzt auf die neue Hose!

f Ich habe nun schon dreimal um eine Lösung des Problems gebeten, aber es ist nichts passiert.

g Der Ring sollte ein Geburtstagsgeschenk für meine Frau sein. Und jetzt ist er immer noch nicht da. Ich bin wirklich sehr verärgert.

h Sie haben mir nicht gesagt, dass ich die Rechnung aufbewahren muss.

Oh! Was war denn nicht in Ordnung?

Ich kann verstehen, dass Sie verärgert sind. Darf ich Ihnen einen anderen anbieten?

Oh, das tut mir leid. Sie bekommen selbstverständlich eine neue.

Ja, aber es war sehr viel los und ich bin leider nicht dazu gekommen. Ich bitte um Verständnis.

Das ist aber immer so. Es tut mir wirklich leid, aber ich kann in diesem Fall leider nichts für Sie tun.

Ach, wirklich? Da sehe ich nur eine Möglichkeit, nämlich dass wir es noch einmal versuchen.

Bitte entschuldigen Sie. Ich werde mich sofort darum kümmern.

Das wundert mich. Wir haben sie schon lange losgeschickt.

SPRECHEN: 7 Punkte

Ich: __ Punkte

10 **Ergänzen Sie den Beschwerdebrief.** 7 Punkte

aber • als • aus diesem Grund • ehrlich gesagt • leider • schließlich • und das, obwohl

> Sehr geehrte Damen und Herren,
>
> gestern Morgen bin ich mit Ihrer Fluglinie, Flugnummer ALX 805, von Istanbul nach Düsseldorf geflogen. .... ich meinen Koffer vom Gepäckband nahm, musste ich leider feststellen, dass der Koffer beschädigt war und an einigen Stellen feuchte Flecken hatte. .... ich keine Flüssigkeiten im Gepäck hatte!
> .... wollte ich mich sofort an den Gepäck-Schalter wenden. .... der Schalter war nicht besetzt. Ich muss sagen, dass ich wirklich verärgert war. Ich wartete 30 Minuten und versuchte dann, mein Problem an einem anderen Schalter zu erklären. .... konnten mir die Mitarbeiter auch nicht helfen. Sie sagten mir, dass ich zum Gepäck-Schalter gehen müsste.
> .... bin ich mit dem kaputten Koffer nach Hause gefahren. ...., hat mich der schlechte Service einer so großen und bekannten Fluggesellschaft sehr überrascht. Das geht doch nicht, dass Fluggäste keinen Ansprechpartner finden.
> Daher erwarte ich nicht nur, dass mir der beschädigte Koffer ersetzt wird, sondern ich bitte Sie auch um eine Erklärung, wie es möglich ist, dass Schalter während der Flugzeiten nicht besetzt sind.
>
> Mit freundlichen Grüßen
> *Nurten Filiz*

11 **Schreiben Sie einen Beschwerdebrief.** 6 Punkte

eine Bluse bestellt → falsche Farbe geschickt: rot statt blau → zurückgeschickt: bitte neue Bluse → bis heute weder neue Bluse noch Geld zurück → verärgert: Bluse nicht mehr wollen → bitte Betrag von 37,99 Euro überweisen

Sehr geehrte Damen und Herren,
…

Kontoverbindung:
…

SCHREIBEN: 7 + 6 = 13 Punkte
Ich: __ + __ = __ Punkte

60–55:	54–49:	48–43:	42–37:	36–31:	30–0:	**Meine Punkte:**
Super!	Sehr gut!	Gut.	Es geht.	Noch nicht so gut.	Ich übe noch.	_____

Noch mehr Übungen finden Sie unter http://www.hueber.de/schritte-plus → Lernen

Grammatik

1 Was ist richtig? Kreuzen Sie an.

a Nein, Basti, du wirst zuerst deine Hausaufgaben machen. Erst dann darfst du zu Tim gehen.
☐ Vermutung ☐ Vorsatz/Plan ☐ Aufforderung

b Sei nicht traurig. Sie wird dir bestimmt verzeihen. Es war doch bis jetzt immer so.
☐ Vermutung ☐ Vorsatz/Plan ☐ Aufforderung

c Mein letztes Stück Kuchen! Dann werde ich mit einer Diät beginnen.
☐ Vermutung ☐ Vorsatz/Plan ☐ Aufforderung

d Wenn ich wieder gesund bin, werde ich eine schöne Wanderung in den Alpen unternehmen.
☐ Vermutung ☐ Vorsatz/Plan ☐ Aufforderung

e Ihr Lausebengel! Ihr werdet jetzt sofort aufhören, sonst beschwere ich mich bei euren Eltern.
☐ Vermutung ☐ Vorsatz/Plan ☐ Aufforderung

f Wir werden fliegende Autos haben und alle 150 Jahre alt werden.
☐ Vermutung ☐ Vorsatz/Plan ☐ Aufforderung

2 Wohnung oder Haus? Ergänzen Sie.

Ich wohne in einer kleinen alten Hochhaus-Wohnung ohne Balkon und ohne saubere Luft. Aber wenn ich einmal genug Geld für ein eigenes Heim habe, dann …

a *werde ich aufs Land ziehen.*
(aufs Land ziehen)

b *werde*
(sich eine Wohnung mit Balkon kaufen)

c
(Blumen auf dem Balkon haben)

Vielleicht …

d
(sogar in einer Gartenwohnung mit Terrasse leben)

e
(jeden Abend auf der Terrasse sitzen)

GRAMMATIK: 6 + 4 = 10 Punkte
Ich: __ + __ = __ Punkte

Wortschatz

3 **Ergänzen Sie *innerhalb* oder *außerhalb*.**   4 Punkte

a Mai Huy Tan aus Vietnam lernte während einer Deutschlandreise deutsche Volksmusik und Thüringer Würstchen kennen und baute dann in Vietnam, 30 Kilometer .... der Hauptstadt Hanoi, eine Wurstfabrik.

b China ist für den Autobauer Volkswagen der größte Markt .... Deutschlands.

c Chaos auf der Autobahn: .... kurzer Zeit fuhren mehrere Fahrzeuge in die Unfallstelle.

d Die Fußballspieler konnten sich nicht auf einen Mannschaftskapitän einigen. Es gab .... der Mannschaft mehrere Gruppen mit einem eigenem Vorschlag.

4 **Ergänzen Sie.**   5 Punkte

missverstanden ● beleidigt ● unterbrochen ● vorkommen ● behandeln

▲ Du bist schon wieder zu spät!

● Nun schimpf doch nicht gleich. Das kann doch mal ....

▲ Ach ja? Mal? Weißt du, wie oft ich auf dich warte? Jedes Mal, wenn wir verabredet sind. Aber ich sehe schon, ich bin dir eben überhaupt nicht wichtig.

● Meine Güte, sei doch nicht immer gleich .... Außerdem habe ich dir gestern gesagt, dass wir heute eine Besprechung haben und dass es länger dauern kann.

▲ Bis Mittag, hast du gesagt.

● Nein, da hast du mich .... Bis Nachmittag, habe ich gesagt. Und außerdem …

▲ … werde ich deine Ausreden nicht länger akzeptieren. Man sollte seinen Partner respektvoll ....!

● Ha! Respekt! Du hast mich doch gerade .... Es ist auch nicht höflich, wenn man den anderen nicht einmal zu Ende reden lässt, finde ich.

5 **Was passt? Ordnen Sie zu.**   5 Punkte

a ein Verhalten ———————   brauchen

b Rücksicht   machen

c eine Genehmigung   zudrücken

d eine Ausnahme   beurteilen

e ein Auge   klären

f ein Missverständnis   nehmen

WORTSCHATZ: 4 + 5 + 5 = 14 Punkte
Ich: __ + __ + __ = __ Punkte

PAUSE

Höflichkeit im Straßenverkehr. Wie ist der Autofahrer? Kreuzen Sie an.

☐ sehr höflich und respektvoll

☐ zwar höflich, aber auch ungeduldig und genervt

☐ rücksichtslos

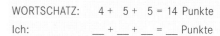

Geh schon, Blödmann!

Was ist los?

Fahr schon, Blödmann!

6   Lesen Sie und ordnen Sie zu.   5 Punkte

Gentleman ist modern!

Frauen und Männer sind gleichberechtigt. Dennoch erwarten viele Frauen nach wie vor ein besonders respektvolles Verhalten von den Männern:

- Hilfe beim Einsteigen mit Kinderwagen in den Bus finden Frauen jeden Alters richtig und wichtig.
- Dass ein Mann einer Frau die Tür aufhält oder ihr in den Mantel hilft, erwarten so gut wie alle älteren Frauen, aber nur 71 Prozent der unter 30-Jährigen.
- Dass ein Mann zur Begrüßung aufsteht, wünschen sich 95 Prozent der älteren Damen. Von den unter 30-jährigen Frauen wünschen sich dies immerhin auch 3 von 4 Frauen.
- Das Öffnen der Autotür begrüßen 92 Prozent der über 60-Jährigen und 73 Prozent der unter 30-Jährigen.
- Im Restaurant aufstehen und der Frau den Stuhl heranschieben, das erwartet nur noch jede dritte Frau unter 30 von einem Mann. Bei den über 60-Jährigen halten 85 Prozent das für gutes Benehmen.
- Über das Zahlen der Rechnung freuen sich 41 Prozent der Frauen unter 30 und 72 Prozent der Frauen über 60.

a Das Öffnen der Autotür	möchten, dass ein Mann zur Begrüßung aufsteht.
b Dass einer Frau mit dem Kinderwagen geholfen wird,	erwarten auch ältere Damen heute nicht mehr so oft: nicht einmal drei Viertel.
c 75 Prozent der jüngeren Frauen	halten fast alle älteren Damen für selbstverständlich.
d Ein Drittel der jüngeren Frauen	finden sowohl jüngere als auch ältere Frauen wichtig.
e Dass ein Mann die Rechnung bezahlt,	freut sich, wenn der Mann ihr im Lokal den Stuhl heranschiebt.

LESEN: 5 Punkte
Ich: ___ Punkte

7   Hören Sie und kreuzen Sie an: richtig oder falsch?   7 Punkte

TRACK
56

	richtig	falsch
a In der modernen Gesellschaft gibt es keine Verhaltensregeln mehr.	☐	☐
b Bei einer Essenseinladung muss man Wein und Bier anbieten.	☐	☐
c In Deutschland ist es unhöflich, als Gast Alkohol abzulehnen.	☐	☐
d Es gibt andere Länder, in denen man zusammen Alkohol trinken muss.	☐	☐
e Zu einer Einladung sollte man ein kleines Geschenk mitbringen.	☐	☐
f Ein Gastgeber sollte es akzeptieren, wenn der Gast eine Speise nicht essen möchte.	☐	☐
g Als Gast darf man es sagen, wenn man eine Speise nicht essen kann oder möchte.	☐	☐

HÖREN: 7 Punkte
Ich: ___ Punkte

Sprechen

<u>8</u>   **Ergänzen Sie.**   4 Punkte

werde ● wird ● will ● wollte

▲ Halt! Bitte keinen Strafzettel! Ich .... sofort wegfahren.

● Sie haben vorschriftswidrig in zweiter Reihe geparkt. So geht das aber nicht.

▲ Aber es war doch nur ganz kurz. Ich .... nur schnell das Kleid abholen, das ich bestellt hatte.

● Ja, wenn das jeder so machen würde! Den Strafzettel habe ich nun schon geschrieben.

▲ Ach, bitte, bitte! Ich verspreche Ihnen: Es .... bestimmt nie wieder vorkommen.

● Na schön. Dann .... ich mal ein Auge zudrücken. Aber beim nächsten Mal …

<u>9</u>   **Schreiben Sie das Gespräch. Achtung: Nicht alle Sätze passen!**   6 Punkte
Hören Sie dann und vergleichen Sie.

TRACK
57

Das kommt überhaupt nicht infrage. ● Das glaubst du doch wohl selber nicht. So geht das nicht! ● Hallo! Junger Mann! Du kannst doch hier nicht einfach deinen Müll auf die Straße werfen. ● Ja, ja, schon gut. Tut mir leid. ● Nein. Das ist nicht in Ordnung. Du wirst das jetzt aufheben und da vorne in den Müll werfen. ● Ach du liebe Zeit! Das habe ich völlig vergessen! ● Oh! Ich habe gar nicht gemerkt, dass mir was runtergefallen ist. ● Können Sie nicht mal ein Auge zudrücken? ● Ach, kommen Sie, so schlimm ist das auch wieder nicht.

<u>a</u> Ein Jugendlicher lässt eine Eis-Verpackung auf den Boden fallen. Eine Frau macht ihn darauf aufmerksam.   ▲ ....

<u>b</u> Der Jugendliche versucht eine Ausrede.   ● ....

<u>c</u> Die Frau akzeptiert die Ausrede nicht.   ▲ ....

<u>d</u> Der Jugendliche versteht ihren Ärger nicht.   ● ....

<u>e</u> Sie verlangt, dass er die Verpackung in den Mülleimer wirft.   ▲ ....

<u>f</u> Der Jugendliche entschuldigt sich.   ● ....

SPRECHEN: 4 + 6 = 10 Punkte
Ich: __ + __ = __ Punkte

10 **Ordnen Sie den Leserbrief.** 4 (8 x 0,5) Punkte

Sehr geehrte Damen und Herren,

☐ Was ist mit den „gemütlichen" Fahrern, die einfach auf die Überholspur wechseln, ohne in den Rückspiegel zu schauen oder zu blinken?

☐ Der Autor des Artikels schimpft vor allem über Verkehrsrowdys, die zu schnell fahren und damit andere in Gefahr bringen.

☐ ich beziehe mich auf Ihren Artikel „Autofahrer ohne Rücksicht" in Ihrer letzten Ausgabe.

☐ Grundsätzlich sehe ich das auch so: Es ist ein Problem.

☐ Zusammenfassend möchte ich sagen, dass auch andere Autofahrer ein Risiko im Verkehr sind. Auch dafür sollte es Strafen geben, nicht nur für zu schnelles Fahren.

☐ Aber meiner Meinung nach kann man nicht nur die schnellen Autofahrer für Unfälle verantwortlich machen.

☐ Ein anderes Beispiel: die älteren Damen oder Herren, die auf einer dreispurigen Autobahn grundsätzlich auf der mittleren Spur fahren – und zwar mit 100 km/h. Sind die keine Gefahr?

☐ Die fahren doch im wahrsten Sinne des Wortes ohne Rück-Sicht.

Mit freundlichen Grüßen

Uwe Stollmann

LERN TIPP

Selbstkorrektur

Nehmen Sie sich bei Schreibaufgaben die Zeit, Ihren Text zu lesen, am besten mehrmals. Prüfen Sie dabei jeweils nur ein Kriterium:

- Grammatik und Orthografie: Sind alle Endungen richtig? Stimmt die Wortstellung? Sind alle Wörter richtig geschrieben?
- Inhalt: Habe ich alle Punkte der Aufgabe behandelt?
- Stil: Habe ich die Satzanfänge variiert? Habe ich Ausdrücke/Wörter verwendet, die zur Aufgabe passen (für den Anfang eines Leserbriefs zum Beispiel: *Mit Interesse habe ich ... gelesen.*)

LERN TIPP

11 **Ihre Meinung ist gefragt. Schreiben Sie einen Leserbrief.** 10 (6 + 4) Punkte

Schreiben Sie zu jeder Frage mindestens zwei Sätze und denken Sie auch an die Anrede und den Gruß sowie einen passenden Einleitungs- und Schlusssatz. Geben Sie den Brief Ihrer Kursleiterin / Ihrem Kursleiter oder deutschsprachigen Freunden zur Korrektur.

- Was ist Ihr Standpunkt zum Thema „Autofahrer ohne Rücksicht"? Was finden Sie gut, richtig, schlecht, ärgerlich oder falsch?

- Welche positiven oder negativen Erfahrungen haben Sie im Straßenverkehr gemacht? Beschreiben Sie ein Beispiel.

- Was wünschen Sie sich im Straßenverkehr (von Verkehrsteilnehmern, von der Polizei, an Regeln)?

SCHREIBEN: 4 + 10 = 14 Punkte

Ich: __ + __ = __ Punkte

60–55:	54–49:	48–43:	42–37:	36–31:	30–0:	Meine Punkte:
Super!	Sehr gut!	Gut.	Es geht.	Noch nicht so gut.	Ich übe noch.	

Noch mehr Übungen finden Sie unter http://www.hueber.de/schritte-plus → Lernen

Grammatik

1 **Schreiben Sie Sätze mit *ohne dass* oder *ohne ... zu*.**   4 Punkte

a Die Internetkriminalität wächst! Verbrecher installieren Programme mit Viren auf Computer, *ohne* *dass der Besitzer des Computers etwas merkt.* (der Besitzer des Computers etwas merken)

b Jugendliche trinken große Mengen Alkohol, ... (an die gesundheitlichen Folgen denken)

c Immer mehr Menschen sind zu einer Augen-Laser-Operation bereit, auch .... (die Krankenkasse die Kosten dafür bezahlen)

d Ein Mieter sollte keine Haustiere halten, ... (den Vermieter um Erlaubnis bitten)

e Als Mieter darf man die Wohnung auch nicht einfach weitervermieten, ... (der Vermieter einverstanden sein)

2 **Schreiben Sie Sätze mit *indem*.**   5 Punkte

a In unserer Nachbarschaft helfen wir der Natur, ... (uns – wir – teilen – ein Auto).

b Katja unterstützt ihre Großmutter, ... (sie – einkauft – für sie – und – macht – die schweren Hausarbeiten).

c Die Supermärkte in unserer Stadt helfen den Armen, ... (Lebensmittel – spenden – sie).

d Senioren können ihr Wissen weitergeben, ... (sie – Schülern – Nachhilfe geben – kostenlos).

e Die Schulklasse sammelt Geld für arme Kinder, ... (sie – verkauft – selbst gebackenen Kuchen).

3 **Ergänzen Sie *bis* oder *seit*.**   5 Punkte

a .... Nasseer die Mieterhöhung bekommen hat, hat er schlechte Laune.

b Es dauert aber ein bisschen, ... Maja ihn überzeugen kann, zum Mieterverein zu gehen.

c Maja macht Nasseers Arbeit, ... dieser vom Mieterverein zurückkommt.

d .... Nasseer Mitglied beim Mieterverein ist, wird er kostenlos beraten.

e Und .... Nasseer weiß, dass der Vermieter die Mieterhöhung zurücknimmt, ist er sehr erleichtert.

GRAMMATIK: 4 + 5 + 5 = 14 Punkte
Ich: __ + __ + __ = __ Punkte

4 **Was passt? Ergänzen Sie.** 5 Punkte

engagiert ● mitmacht ● setzen ● protestieren ● unterstützen

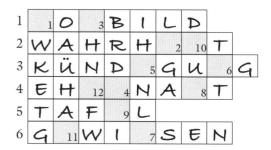

a Arbeitnehmer .... mit Demonstrationen gegen niedrige Löhne und längere Arbeitszeiten.

b Gewerkschaften .... sich für die Interessen von Arbeitnehmern ein.

c Sie .... die Arbeitnehmer mit Rat und Tat.

d Der Betriebsrat .... sich für die Mitarbeiter in einem Unternehmen.

e Aber nur wer bei etwas .... , kann auch etwas verändern.

5 **Welches Wort passt? Ersetzen Sie das markierte Wort / die markierten Wörter.** 5 Punkte

beenden ● beruhigen ● begeistern ● beitreten ● beraten

a Wer Hilfe durch den Mieterverein wünscht, muss **Mitglied werden**. ....

b Der Mieter kann das Mietverhältnis fristgerecht zum 30. September **kündigen**. ....

c Viele Organisationen und Vereine **geben** kostenlos **Ratschläge**. ....

d Man muss sich für eine ehrenamtliche Tätigkeit wirklich **sehr stark interessieren**, damit das persönliche Engagement Freude macht und sinnvoll ist. ....

e Es ist nicht leicht, eine verzweifelte Person **ruhiger** zu **machen**. ....

WORTSCHATZ: 5 + 5 = 10 Punkte
Ich: __ + __ = __ Punkte

Nasseer will zuerst nicht zum Mieterverein gehen, weil er kein Mensch ist, der sich in Vereinen engagiert. Wie nennt man einen Menschen, der in vielen Vereinen Mitglied ist und sich dort aktiv engagiert? Lösen Sie das Rätsel.

1 Ein Mensch, der anderen ein gutes Beispiel gibt, ist ein …

2 Wer einmal lügt, dem glaubt man nicht, und wenn er auch die … spricht.

3 Eine … durch den Vermieter kann man verhindern, indem man rechtzeitig die Miete bezahlt.

4 Viele engagieren sich, indem sie ein … übernehmen.

5 In den Vereinen der … werden Lebensmittel gesammelt und an Bedürftige verteilt.

6 Wer lügt, hat meistens ein schlechtes …

1	1 O		3 B	I	L	D		
2	W	A	H	R	H	2	10 T	
3	K	Ü	N	D	5 G	U	6 G	
4	E	H	12	4 N	A	8 T		
5	T	A	F	9 L				
6	G	11 W	I	7 S	E	N		

__ __ __ __ __ __ __ __ __ __ __ __ .
1 2 3 4 5 6 7 8 9 10 11 12

6   Lesen Sie und kreuzen Sie an: richtig oder falsch?   8 Punkte

Alles, was recht ist!

Es gibt Fälle, die gibt es gar nicht – sollte man meinen. Was auf den ersten Blick wie ein Witz erscheint, ist häufig der ganz normale Alltag.

 Weil er vergeblich auf die Miete für Januar wartete, hat ein Hausbesitzer bei seinem Mieter einfach die Wohnungstür ausgebaut und mitgenommen. Der Mieter wollte im Februar ausziehen und die letzte Monatsmiete mit der Kaution verrechnen, die er beim Auszug zurückbekommen sollte. Damit war der Vermieter aber nicht einverstanden. Der Mieter musste wegen der eisigen Kälte die Wohnung verlassen und zu seiner Mutter ziehen.

Bei einem Streit unter Nachbarn geht es oft um Lärmbelästigung. Ein angeblich zu lauter Fernseher ärgerte den Nachbarn so, dass er einen Hammer nahm und damit gegen die Wand zur Nachbarwohnung schlug. Nun aber fühlten sich die Nachbarn durch den Lärm gestört, sie beschwerten sich beim Hausbesitzer. Dem Mann wurde wegen Ruhestörung die Wohnung gekündigt.

 Auch Haustiere sind oft Grund für Streitigkeiten. Meistens geht es dabei um Hunde und Katzen. In dem folgenden Fall wollte der Vermieter seiner Mieterin verbieten, ein Schwein als Haustier zu halten. Doch der Richter gab der Mieterin recht. Das Schwein, das übrigens „Schnitzel" hieß, durfte weiter in der Wohnung bleiben, da keine Lärm- oder Geruchsbelästigung für die Nachbarn entstand.

Eine Frau liebte Gartenzwerge. Der Nachbar war davon gar nicht begeistert und forderte die Frau auf, sie zu entfernen. Damit war wiederum die Frau nicht einverstanden. Im Gegenteil. Sie stellte einen weiteren Gartenzwerg auf, der dem Nachbarn die Zunge zeigte. Das war für den Nachbarn zu viel. Er zeigte die Frau wegen Beleidigung an. Das Ergebnis: Der Zwerg mit der Zunge musste weg, die anderen Zwerge aber durften bleiben.

		richtig	falsch
a	Der Mieter hat eine Monatsmiete nicht bezahlt.	☐	☐
b	Der Vermieter nahm ihm die Wohnungstür weg, obwohl es Winter war.	☐	☐
c	Ein Mann war wütend, weil der Fernseher des Nachbarn so laut war.	☐	☐
d	Er half sich selbst, indem er die Wohnung kündigte und auszog.	☐	☐
e	Eine Frau hatte ein Schwein in ihrer Wohnung.	☐	☐
f	Sie durfte das Schwein behalten, obwohl der Vermieter dagegen war.	☐	☐
g	Eine Frau und ihr Nachbar stritten darüber, wem die Gartenzwerge gehörten.	☐	☐
h	Am Ende des Streits musste die Frau alle ihre Zwerge abgeben.	☐	☐

LESEN: 8 Punkte

Ich: ___ Punkte

7 Kreuzen Sie an. Was ist richtig?

TRACK
58–63

1 Das Thema der Radiosendung ☐ sind ehrenamtliche Projekte von Jugendlichen. ☐ ist ein soziales Projekt für Jugendliche.

2 Corinnas Schulklasse ☐ musste alte Menschen pflegen. ☐ hat die Senioren freiwillig besucht.

3 Bastian und seine Freunde ☐ haben ein Jugendzentrum renoviert. ☐ hatten keine Lust zu renovieren.

4 Die Klasse 9b ☐ fordert mehr Geld von den Eltern. ☐ hat ein Theaterstück gezeigt.

5 Marvin und seine Freunde ☐ haben sich für einen Fußballverein engagiert. ☐ haben die Einnahmen aus einem Fußballspiel gespendet.

6 Lena ☐ muss ihre Kleidung gebraucht kaufen. ☐ hat mit ihrer Klasse einen Secondhand-Laden gegründet.

HÖREN: 6 Punkte
Ich: ___ Punkte

8 Was sagen Sie? Ordnen Sie zu.

Mach dir keine Sorgen, das kann doch jedem mal passieren. ● Ich weiß nicht mehr weiter. ● Was ist denn genau dein Problem? ● Ich habe da eine Idee. Du könntest zum Mietverein gehen.

a Sie haben ein Problem und brauchen Hilfe: ....

b Sie fragen, was los ist: ....

c Sie beruhigen jemanden: ....

d Sie machen einen Lösungsvorschlag: ....

9 Ordnen Sie das Gespräch. Hören Sie dann und vergleichen Sie.

TRACK
64

☐ Hm, ja. Das kann ich ja mal probieren. Meinst du, es funktioniert?

☐ Hallo, Nadine. Jetzt sag doch erst mal, was los ist.

☐ Du weißt doch: Meine Mutter hat einen Kanarienvogel, den sie heiß liebt.

☐ Ja. Er ist seit gestern verschwunden. Ich habe alle Nachbarn gefragt, ob sie ihn gesehen haben. Ohne Erfolg. Ich weiß nicht mehr weiter.

5 Genau. Meine Mutter wollte übers Wochenende wegfahren und ich sollte mich um die Wohnung und Hansi kümmern. Es war ziemlich heiß, deshalb habe ich die Fenster geöffnet. Ich hatte nur leider vergessen, dass ich Hansi auch aus dem Käfig gelassen hatte, damit er ein bisschen herumfliegen kann.

☐ Ach ja. Du meinst Hansi.

☐ Aha. Ich kann mir schon denken, was kommt. Hansi ist aus dem Fenster geflogen.

☐ Danke, Miriam. Du bist wirklich eine echte Freundin.

☐ Beruhige dich doch. Er kommt bestimmt zurück. Er weiß doch gar nicht, wie er selbst Futter besorgen kann. Wie wäre es denn, wenn du Futter rausstellst?

☐ Hallo, Miriam. Gut, dass du zu Hause bist. Du musst mir helfen.

☐ Bestimmt. Mach dir keine Sorgen. Pass auf, ich komme nachher zu dir und wir suchen noch mal zusammen nach ihm. Vier Augen sehen mehr als zwei.

SPRECHEN: 4 + 10 = 14 Punkte
Ich: ___ + ___ = ___ Punkte

Schreiben

10 **Ergänzen Sie den Brief.** 3 (6 x 0,5) Punkte

für Ihren Rat ● meiner Meinung nach ● wie ich es ihm sagen soll ● weil ich nicht mehr weiterweiß ●
ich möchte ihn nicht verletzen ● ich glaube

> Liebe Frau Edelgart,
>
> ich schreibe Ihnen, ... Ich habe einen Kollegen,
>
> der ohne Brille fast nichts sieht. Einmal in der Woche gehen wir nach Büroschluss zusammen schwimmen.
>
> Seine Badehose ist schon recht alt. Der Stoff ist inzwischen so dünn, dass man durchsehen kann. Er müsste
>
> sich .... dringend eine neue kaufen. Aber ich weiß
>
> nicht, ... Es ist mir irgendwie peinlich.
>
> ...., dass er es einfach nur noch nicht gemerkt hat,
>
> weil seine Augen so schlecht sind und er im Schwimmbad ja keine Brille trägt.
>
> ...., indem ich ihn darauf aufmerksam mache.
>
> Vielen Dank im Voraus ....
>
> Mit freundlichen Grüßen
>
> Petra Nägele

11 **Schreiben Sie eine Antwort an Petra Nägele. Geben Sie den Brief Ihrer** 5 Punkte
Kursleiterin / Ihrem Kursleiter oder deutschsprachigen Freunden zur Korrektur.

– Zeigen Sie Verständnis für ihr Problem.
– Weisen Sie darauf hin, dass Ehrlichkeit in einer Freundschaft sehr wichtig ist.
– Schreiben Sie Ihre Meinung zu Frau Nägeles Problem.
– Schreiben Sie zum Schluss gute Wünsche für Frau Nägele.
– Vergessen Sie nicht Anrede und Gruß.

SCHREIBEN: 3 + 5 = 8 Punkte.
Ich: __ + __ = __ Punkte

LERN TIPP

Fehler finden

Fehler in der Orthografie, aber auch bei Wort-Endungen erkennen Sie leichter, wenn Sie Ihren Text laut lesen. Lesen Sie den Text auch rückwärts. So fallen Buchstabenverdreher besser auf.

Das ist ein „Buchstabenverdreher“:

Ich muss Ihnen l_{ei}eder mitteilen, dass ...

LERN TIPP

60–55:	54–49:	48–43:	42–37:	36–31:	30–0:	Meine Punkte:
Super!	Sehr gut!	Gut.	Es geht.	Noch nicht so gut.	Ich übe noch.	_____

Noch mehr Übungen finden Sie unter http://www.hueber.de/schritte-plus → Lernen

Grammatik

1 **Schreiben Sie die markierten Sätze anders.** 5 Punkte

> **Die Geschichte der SOS-Kinderdörfer**
>
> Die Idee für die SOS-Kinderdörfer hatte der Österreicher Hermann Gmeiner. Nach dem Zweiten Weltkrieg wollte er Kindern helfen, die ihre Eltern verloren hatten. Er wollte ihnen eine neue Familie geben und Häuser für sie bauen. <u>Im April 1949 gründete er deshalb den Verein „Societas Socialis".</u> Später wurde daraus die Organisation „SOS-Kinderdorf".
>
> Für seinen Plan brauchte Gmeiner aber Geld. <u>Auf Flugblättern bat er die Österreicher um jeweils einen Schilling.</u> Und die Österreicher gaben Geld! <u>Noch im selben Jahr begann Gmeiner mit dem Bau des ersten Hauses.</u> Weihnachten 1950 konnten die ersten Kinder einziehen.
>
> Gmeiners Idee verbreitete sich schnell. <u>1956 eröffnete man das erste SOS-Kinderdorf in Deutschland.</u> Und die Erfolgsgeschichte der SOS-Kinderdörfer ging weiter. <u>Schon bald baute man auf der ganzen Welt SOS-Kinderdörfer.</u> <u>Heute betreuen die Kinderdorf-Mütter Kinder in mehr als 470 SOS-Kinderdörfern weltweit.</u>

a *Im April 1949 wurde der Verein Societas Socialis gegründet.*

b *Auf Flugblättern*

c ....

d ....

e ....

f ....

2 **Flugblätter. Ergänzen Sie wie im Beispiel a. Achten Sie auf die richtige Endung.** 6 Punkte

a Gegen Abzocke der Bürger! Sind Sie auch für
.....*niedrigere*..... (niedrig) Steuern?
Unterschreiben Sie auf den Listen in …

b Wir setzen uns ein für ein ....
(friedlich) Zusammenleben der Kulturen. Machen Sie mit!

c Gegen den Neubau der Autobahn A 94 – für den Ausbau der Bundesstraße B 12.
Unsere Argumente: Der Ausbau der vorhandenen Straße ist viel .... (günstig). Es ist im Sinne des Umweltschutzes auch die .... (vernünftig) Lösung.

d Helfen Sie mit, das Klima zu retten: durch ein .... (modern) Heizsystem, das Sonne oder Wind nutzt, und den Wechsel zu einem .... (gut) Stromanbieter, der Strom aus erneuerbaren Energien liefert.

e Kämpfen Sie mit uns für ....
(hoch) Löhne! Es kann nicht länger sein, dass nur die Gehälter von Politikern und Managern steigen!

Grammatik und Wortschatz

3 **Ergänzen Sie.**   5 Punkte

a Die im Wahlprogramm *beschlossene* .... (beschließen) Erhöhung der Tabaksteuer ärgert die Raucher.

b Die Banken verlangen mehr Sicherheiten für .... (leihen) Geld.

c Die .... (fordern) Mehrausgaben für Bildung und Forschung sind nicht finanzierbar.

d Wegen der .... (steigen) Kosten fordern Milchbauern einen höheren Milchpreis.

e Das vom Staat .... (versprechen) Geld kam erst nach Monaten bei den Opfern der Sturm-Katastrophe an.

f Ökologisch .... (herstellen) Lebensmittel werden immer beliebter.

GRAMMATIK: 5 + 6 + 5 = 16 Punkte

Ich: __ + __ + __ = __ Punkte

4 **Wer macht was? Ergänzen Sie.**   6 Punkte

Mehrheit ● Abgeordnete ● Mitbestimmung ● Bürgerinitiative ● Parlament ● Parteien

a Die .... machen ihre Wahlprogramme.

b Die Bürger wählen das ....

c Die Mitglieder des Deutschen Bundestages heißen ....

d In einer Demokratie haben die Bürger ein Recht auf ....

e Sie können ihren Willen durch eine .... ausdrücken.

f Im Deutschen Bundestag entscheidet die ...., welche Vorschläge der Regierung Gesetz werden.

WORTSCHATZ: 6 Punkte

Ich: __ Punkte

Quiz: Was ist richtig? Kreuzen Sie an.

a Deutschland hat ☐ 11 ☐ 15 ☐ 16 Bundesländer.

b Das größte Bundesland ist ☐ Bayern. ☐ Brandenburg. ☐ Berlin.

c Deutschland hatte bis jetzt ☐ einen ☐ zwei ☐ drei weibliche Bundeskanzler.

d Im Deutschen Bundestag sitzen mehr als ☐ 100 ☐ 300 ☐ 600 Abgeordnete.

e Offizieller „Chef" des Landes ist ☐ der Bundeskanzler ☐ der Bundespräsident. ☐ ein König.

f Den Deutschen Bundestag dürfen ☐ alle Menschen in Deutschland ☐ deutsche Staatsbürger ☐ Ausländer wählen.

PAUSE

5 **Bürger und Politiker. Lesen Sie die Texte und kreuzen Sie an:**   2 (4 x 0,5) Punkte
Wie können Bürger Fragen an Politiker stellen?

☐ Mit Anträgen an das Parlament, den Deutschen Bundestag.

☐ Im persönlichen Gespräch.

☐ In E-Mails.

☐ Durch Anrufe.

Der Kontakt zwischen den Politikern und den Bürgern wird durch das Internet enger. Auf der Internetseite *abgeordnetenwatch.de* können die Wähler Fragen zu politischen Themen an die Parlamentarier stellen. Wenn Sie zum Beispiel wissen möchten, was der Bundestagsabgeordnete aus Ihrer Region zum Bau der neuen Autobahn, zur Aufstellung von Windkraftanlagen oder zur Höhe des Kindergeldes meint, dann geben Sie Ihre Frage einfach in ein E-Mail-Formular ein und warten auf die Antwort des Politikers.
Sie werden sehen: Sie bekommen eine Antwort. Die meisten Politiker nehmen *abgeordnetenwatch.de* ernst und beantworten Ihre Fragen. Die Antworten werden dann veröffentlicht, sodass jeder interessierte Bürger sie nachlesen kann. Inzwischen sind schon Hunderte von Antwortmails auf *abgeordnetenwatch.de* zu finden. Denn immer mehr Menschen nutzen die Möglichkeit zum offenen Dialog mit der Politik.
Wenn Sie im Moment keine Frage an einen Politiker haben, kann *abgeordnetenwatch.de* trotzdem interessant für Sie sein. Denn auf dieser Internetseite finden Sie noch viele weitere Informationen. Alle Mitglieder des Deutschen Bundestages sind hier aufgelistet – mit Foto, Beruf, Kontaktadresse, Themenschwerpunkten.

Pressemitteilung
Bürgersprechstunde
Berlin, den 08.03.20..
Rainer Wohlfahrt, Bezirksstadtrat für Jugend, Familie und Schule lädt ein zur
Bürgersprechstunde am Dienstag, dem 20.3.20.., von 16.00 bis 18.00 Uhr in
seinem Büro im Rathaus, Fehrbelliner Platz 4, 10707 Berlin.
Um telefonische Voranmeldung wird gebeten unter Tel. 1234-412.
Im Auftrag
Rudnik

6 **Lesen Sie noch einmal. Welche Aussage stimmt? Kreuzen Sie an.**   6 Punkte

a Das Internet

☐ ermöglicht den Bürgern mehr Kontakt zu Politikern.

☐ kontrolliert die Parlamentarier.

b Die Bürger

☐ sind nicht am Kontakt zu Politikern interessiert.

☐ bekommen Auskunft über die Ansichten von Politikern.

c E-Mails der Parlamentarier

☐ sind für jeden sichtbar und lesbar.

☐ werden ausschließlich an den Bürger, der die Frage gestellt hat, geschickt.

d Auf *abgeordnetenwatch.de*

☐ gibt es Informationen über die Themen, über die das Parlament aktuell berät.

☐ findet man persönliche Angaben zu allen Parlamentariern.

e Der Bezirksstadtrat Rainer Wohlfahrt

☐ beantwortet dienstags Fragen der Bürger.

☐ bietet einen Gesprächstermin am 20. März an.

f Zur Bürgersprechstunde

☐ müssen sich interessierte Bürger anmelden.

☐ sind ausschließlich Familien, Jugendliche und Schüler eingeladen.

LESEN: 2 + 6 = 8 Punkte
Ich: __ + __ = __ Punkte

7 **Radio-Interview. Hören Sie und kreuzen Sie an: richtig oder falsch?** 9 Punkte

TRACK
65

		richtig	falsch
a	Im Interview wird über die Gründe für die sinkende Wahlbeteiligung gesprochen.	☐	☐
b	Die Menschen interessieren sich nicht mehr für Politik.	☐	☐
c	Viele finden, dass es kaum noch Unterschiede zwischen den großen Parteien gibt.	☐	☐
d	Sie vertrauen den Versprechen der Politiker nicht mehr.	☐	☐
e	Ein Politiker findet es nicht richtig, dass er sich mit anderen Parteien einigen muss.	☐	☐
f	Junge Erwachsene gehen am häufigsten wählen.	☐	☐
g	In Deutschland dürfen Jugendliche ab 16 Jahren wählen.	☐	☐
h	Die Befürworter finden, dass ältere Menschen keine Ahnung von Politik haben.	☐	☐
i	Die Gegner sagen, dass Jugendliche mit 16 noch zu stark beeinflussbar sind.	☐	☐

HÖREN: 9 Punkte
Ich: __ Punkte

8 **Wie können Sie auch sagen? Kreuzen Sie an.** 4 Punkte

a Ich bin gegen ein Rauchverbot.

☐ Ein Rauchverbot kann ich nur befürworten.

☐ Ich halte nichts von einem Rauchverbot.

b Das finde ich auch.

☐ Ganz meine Meinung!

☐ So kann man das nicht sehen.

c Eine Helmpflicht für Motorradfahrer wie in Deutschland gibt es bei uns nicht.

☐ Im Gegensatz zu Deutschland gibt es bei uns keine Helmpflicht für Motorradfahrer.

☐ Verglichen mit Deutschland gibt es bei uns keine Helmpflicht für Motorradfahrer.

d Meiner Ansicht nach muss jeder mehr Eigenverantwortung übernehmen.

☐ Mehr Eigenverantwortung kann ich nur ablehnen.

☐ Ich meine, dass jeder mehr Eigenverantwortung übernehmen sollte.

LERNTIPP

Talente nutzen

Um sich Dialog-Inhalte, Wörter oder Ausdrücke zu merken, sollten Sie all Ihre Talente nutzen. Spielen Sie zum Beispiel ein Musikinstrument? Dann versuchen Sie doch einmal, Wörter, die Sie lernen möchten, musikalisch auszudrücken. Das geht auch mit einem Kursbuch-Dialog! Machen Sie ein kleines Musikstück daraus. Sie werden sehen: Durch die Assoziationen, die Sie nun zu den Wörtern oder zum Dialog haben, prägen Sie sich alles viel besser ein.
Ähnlich funktioniert es, wenn Sie gern zeichnen oder ein fotografisches Gedächtnis haben. Sie lesen einen Text oder einen Dialog. Wählen Sie in Gedanken sechs Momente aus und zeichnen Sie in sechs Felder, was Ihre Kamera fotografieren würde. Schreiben Sie zu jedem Bild den Text. Welche anderen Talente haben Sie? Sind Sie sportlich? Planen und organisieren Sie gern? Überlegen Sie, wie Sie Ihre Talente für das Deutschlernen nutzen könnten.

LERNTIPP

Sprechen und Schreiben

9 Ergänzen Sie das Gespräch. 6 Punkte

ich finde es besser so, wie ● der Unterschied ist, dass ● in diesem Zusammenhang ● auch bei uns gibt es ● meiner Meinung nach ● das ist in meinem Land genauso wie

▲ Fast überall gibt es eine Geschwindigkeitsbegrenzung auf Autobahnen. Nur bei uns in Deutschland nicht.

● Ja, ... in den anderen europäischen Ländern. Aber .... es in Deutschland ist. Endlich mal eine Sache, für die es in Deutschland nicht so strenge Regeln gibt.

▲ Ach, du denkst, dass die Regeln in Deutschland strenger sind als bei euch?

● Nein. .... strenge Gesetze. .... die Leute die Vorschriften nicht so ernst nehmen wie die Deutschen. .... sind wir lockerer. .... muss man aber auch sagen, dass manche Dinge in Deutschland besser funktionieren als bei uns.

SPRECHEN: 4 + 6 = 10 Punkte

Ich: __ + __ = __ Punkte

10 Was passt? Wählen Sie aus und kreuzen Sie an. 6 Punkte

Sehr geehrte Frau Bauer,
Sie haben ☐ versprochen, ☐ dafür gesorgt, dass es bis 2013 kostenlose Kindergartenplätze für alle Kinder in unserem Land geben soll.
☐ Können Sie mir erklären, wie ☐ Ich verstehe nicht, warum das funktionieren soll? Schon heute gibt es nicht genug Erzieherinnen in den Kindergärten. Eine Erzieherin betreut oft 15 Kinder! Und immer weniger junge Frauen interessieren sich für diesen Beruf.
☐ Der Unterschied zu anderen Ländern ist, dass ☐ Verglichen mit anderen Ländern ist die Ausbildung sehr schlecht und die Erzieherinnen bekommen viel zu wenig Geld.
☐ Ich wünsche mir ☐ Ich bitte Sie eine gute Betreuung für mein Kind, aber ☐ ich bin enttäuscht ☐ ich erwarte von Politikern auch, dass ihre Versprechen realistisch sind.
Vielen Dank ☐ dass Sie sich für realistische Versprechen einsetzen. ☐ im Voraus für Ihre Antwort.
Mit freundlichen Grüßen
Helene Barth-Heinemann

11 Schreiben Sie eine E-Mail an den Finanzpolitiker Herrn Köhnlein. 5 Punkte

– Sie fragen, warum ein einfaches Steuersystem nicht möglich scheint.
– Ihrer Ansicht nach sind die Steuergesetze im Vergleich zu anderen Ländern zu kompliziert.
– Sie wünschen sich niedrigere Steuern und fordern ein einfacheres Steuersystem.
– Vergessen Sie nicht Anrede und Gruß.

SCHREIBEN: 6 + 5 = 11 Punkte

Ich: __ + __ = __ Punkte

60–55:	54–49:	48–43:	42–37:	36–31:	30–0:	Meine Punkte:
Super!	Sehr gut!	Gut.	Es geht.	Noch nicht so gut.	Ich übe noch.	_____

Noch mehr Übungen finden Sie unter http://www.hueber.de/schritte-plus → Lernen

1   **Lesen Sie den folgenden Text und entscheiden Sie, welches Wort (a, b oder c)**   10 Punkte
in die Lücken 1–10 passt. Markieren Sie.

Hallo Maja,
Du glaubst nicht, was ich letzte Nacht Verrücktes geträumt habe. Das muss ich Dir schnell schreiben.
Ich habe (1) einem Jodelwettbewerb geträumt. Du wolltest mich zum Jodelkönig krönen und hast (2),
dass ich jodele. Kannst Du Dir das (3)? Ich, Nasseer Banissar aus Indien, (4) jodeln wie ein echter
Bayer. Mit einem Turban (5) dem Kopf und in Lederhosen! Es war zu komisch. Na ja, das kommt davon,
(6) man vor dem Schlafengehen noch fernsieht und zu viele Chips isst. Es heißt ja immer, dass
Fernsehen bis spät in die Nacht nicht gut ist, (7) man das Gesehene mit in den Schlaf und die Träume
nimmt. Das habe ich jedenfalls mal irgendwo gelesen. Ich bin also selbst (8). Aber (9) war der Traum
ziemlich lustig.
Bis morgen im Homeservice!
Nasseer
P. S. Übrigens: Du hast in meinem Traum ein Dirndl (10) und richtig süß darin ausgesehen.

1	a	über	b	von	c	aus
2	a	verlangt	b	gesagt	c	versprochen
3	a	wünschen	b	vorstellen	c	glauben
4	a	durfte	b	brauchte	c	sollte
5	a	in	b	auf	c	an
6	a	ob	b	wann	c	wenn
7	a	denn	b	weil	c	deshalb
8	a	schuld	b	verrückt	c	eingeschlafen
9	a	vielleicht	b	wirklich	c	eigentlich
10	a	angezogen	b	getragen	c	gehabt

GRAMMATIK UND WORTSCHATZ: = 10 Punkte
Ich: = __ Punkte

Lesen

2 **Lesen Sie die Anzeigen und die Aufgaben. Welche Anzeige passt zu welcher Situation? Für eine Aufgabe gibt es keine Lösung. Kreuzen Sie in diesem Fall X an.**

8 Punkte

A Urlaub und Job zugleich? Kommen Sie als Kellner(in) für die Sommersaison nach Österreich. Keine Vorkenntnisse erforderlich. Mehr Infos www.arbeitsvermittlung-touristik.at

B Ein ganz besonderer Brauch in Bayern ist das Jodeln. Auch Sie können es lernen: mit dem Jodelkurs im Internet. Egal ob Sie in Hamburg oder München wohnen! Klicken Sie gleich rein unter www.jodelkurs.de

C Kinderfreundliche Frühstückspension am österreichischen Wolfgangsee. Günstige Preise und gute Freizeitmöglichkeiten. Familie Bauer, Telefon: 11234889

D Dia-Vortrag über die Berner Alpen von und mit Rudi Rödel am Samstag, 11. April, 19 Uhr im Kulturhaus. Eintritt: 3,50 Euro

E Was ist Heimat? Migranten aus aller Welt berichten und diskutieren in einer Podiumsdiskussion mit dem Politiker Cem Özdemir. Wann: Samstag, 11. April, 20 Uhr; Wo: Stadthalle; Eintritt frei

F Koch/Köchin für die Küche des Europäischen Parlaments langfristig gesucht. Internationales Auftreten und gute Englischkenntnisse Voraussetzung. Mehr Informationen erhalten Sie unter www.europa-parlament-kueche.net.

G Privat-Lehrer/in für die Pfeifsprache „El Silbo" gesucht! Ich möchte die Pfeifsprache gern lernen, spreche aber leider nicht Spanisch. Meldet Euch bitte bei Anne. Handy: 0177-77777

H Machen Sie Ferien im schönen Salzkammergut! Unser 4-Sterne-Hotel „Mozart" bietet internationales Flair, ausgezeichnete österreichische Küche und schöne Möglichkeiten für Wanderungen in den Bergen. Zimmerpreis ab: 150 EUR DZ/ÜF

1 Elke H. plant ihren Sommerurlaub in den Schweizer Bergen und möchte sich vorher über die Region informieren.   A B C D E F G H X

2 Maravan K. aus Berlin möchte Jodeln lernen.   A B C D E F G H X

3 Franz L. ist Jodellehrer und möchte eine Jodelschule eröffnen.   A B C D E F G H X

4 Luisa K. hat viele Jahre in einer Kantine im Deutschen Bundestag gearbeitet. Sie spricht fließend Spanisch, Deutsch und Englisch.   A B C D E F G H X

5 David L. stammt von der spanischen Kanareninsel La Gomera und unterrichtet die typischen Pfiffe. Er spricht ausgezeichnet Deutsch.   A B C D E F G H X

6 Nazan F. macht im Sommer Abitur und möchte vor dem Studium ein bisschen Geld verdienen, aber auch Ferien machen.   A B C D E F G H X

7 Walter M. möchte am Samstagabend etwas unternehmen. Er interessiert sich für Menschen, für Politik und er diskutiert gern.   A B C D E F G H X

8 Familie T. sucht für den Sommerurlaub eine preiswerte Unterkunft.   A B C D E F G H X

LESEN: 8 Punkte

Ich: __ Punkte

Lesen

3   **Lesen Sie die Texte und lösen Sie die Aufgaben. Kreuzen Sie an.**   4 Punkte

Hühnersuppe – ein globales Gericht

„Hühnersuppe, die hat mir meine Oma immer gekocht, wenn ich eine Erkältung hatte", erinnert sich Andrea P. (30) aus Hamburg. „Das soll gesund sein. Ich weiß nicht, ob es stimmt, aber lecker ist die Suppe und sie wärmt so schön von innen." Hühnersuppe ist beliebt, nicht nur in Deutschland, sondern auf der ganzen Welt. Schweinefleisch dürfen Muslime nicht essen, Rind mag man in Indien nicht, aber das Huhn ist in jeder Kultur auf dem Speiseplan, egal ob in Europa, Asien, Amerika oder Afrika.
Das Grundrezept ist einfach: „Ein Suppenhuhn, eine Stange Lauch, zwei Stangen Sellerie, zwei Karotten, zwei Zwiebeln, Pfeffer und Salz", zählt Andrea P. auf. Das Praktische: Man kann die Suppe wunderbar variieren. In Deutschland gern mit Nudeln oder Reis. Andere Länder haben andere Rezepte erfunden. So wird zum Beispiel in der Türkei Hühnersuppe mit Mehl, Joghurt und Eigelb gemacht und mit Minze gewürzt. In Ghana isst man sie mit Aubergine, Paprika, Süßkartoffel und Chili. In Thailand kommen Kokosmilch und viele Gewürze in die Hühnersuppe.

	richtig	falsch
1 Hühnersuppe wird in allen Kulturen gern gegessen.	☐	☐

2 In jedem Land

   a   ist das Grundrezept bekannt.

   b   gibt es mehrere Arten der Zubereitung.

   c   wird die Hühnersuppe anders gekocht.

Fluggast Tier

Der Flughafen in Frankfurt am Main ist der größte Flughafen der Welt – für Tiere. 2008 wurde eine neue Halle eröffnet, die in modernem „Deutsch" Animal Lounge heißt. Sie ist so groß wie ein Fußballfeld. Seitdem hat der Frankfurter Flughafen nicht nur die größte, sondern auch die modernste Tierstation. Mehr als 20 Tierärzte und zahlreiche Tierpfleger versorgen dort rund um die Uhr die Tier-Touristen, die dort ankommen oder umsteigen. Allein die Fluggesellschaft Lufthansa transportiert jedes Jahr 4000 Tonnen tropische Fische, 14000 Katzen und Hunde, 1500 Pferde, aber auch um Tiger, Koalabären oder Pinguine haben die Mitarbeiter sich schon gekümmert. Echte Vielflieger sind übrigens Pferde, meist Turnierpferde, die von Reitturnier zu Reitturnier fliegen und ohne Angst in die Transportboxen steigen. Für die speziellen Bedürfnisse der verschiedenen Tierarten ist gut gesorgt. Anstrengend ist eine Reise für Tiere trotzdem, denn auch sie haben einen Tag-Nacht-Rhythmus und leiden unter Jetlag.

	richtig	falsch
3 Der Frankfurter Flughafen ist der größte Flughafen weltweit.	☐	☐

4 Am häufigsten

   a   werden Haustiere transportiert.

   b   fliegen Turnierpferde.

   c   reisen die Tiere mit Lufthansa.

LESEN: 8 + 4 = 12 Punkte
Ich: __ + __ = __ Punkte

4

TRACK
66

Sie hören ein Gespräch. Dazu sollen Sie zehn Aufgaben lösen. Sie hören diesen Text zweimal. Markieren Sie bei jeder Aufgabe: richtig oder falsch?   10 Punkte

		richtig	falsch
a	Abebe Bekele lebt in Berlin.	☒	☐
b	Er hat seit Kurzem einen neuen Beruf.	☐	☐
c	Er hat schon als Kind Deutsch gelernt.	☐	☐
d	Sein erstes deutsches Wort war „Pfannkuchen".	☐	☐
e	Pfannkuchen hat er zum ersten Mal bei seiner Vermieterin gegessen.	☐	☐
f	Abebe Bekele hat einen deutschen Pass.	☐	☐
g	Er sieht Deutschland als sein Heimatland.	☐	☐
h	Er kann nicht verstehen, dass man in Deutschland immer pünktlich sein muss.	☐	☐
i	Wenn er an Äthiopien denkt, sieht er Eukalyptusbäume vor sich.	☐	☐
j	Der beste Kaffee der Welt kommt aus Deutschland.	☐	☐
k	In Deutschland kann man auch äthiopischen Kaffee kaufen.	☐	☐

HÖREN: 10 Punkte
Ich: ___ Punkte

5 **Sie sollen Ihrer Partnerin / Ihrem Partner erklären, was Sie auf dem Foto sehen.**   5 Punkte
Was können Sie sagen? Ordnen Sie zu.

a	Dieses Foto	haben lustige Kostüme an.
b	Auf dem Foto	das Foto in Deutschland gemacht wurde.
c	Die Menschen	zeigt einen Karnevalsumzug.
d	Ich vermute, dass	habe ich bis jetzt nur hier gesehen.
e	Denn solche Kostüme und Wagen	sind fröhliche Menschen zu sehen.

6 **Jetzt sollen Sie Ihrer Partnerin / Ihrem Partner berichten, welche**   7 Punkte
Erfahrungen Sie haben und wie das in Ihrem Land ist. Ergänzen Sie.

bei uns ● persönlich ● gehört habe ● der Unterschied ist ● meiner Ansicht nach ● habe den Eindruck ● weiß

a Wie ich ...., beginnt der Karneval offiziell schon am 11. November um 11.11 Uhr.

b Ich ...., dass in einigen Regionen sehr viele Menschen Mitglied in einem Karnevalsverein sind.

c Ich .... interessiere mich nicht so sehr für diese Tradition.

d .... gibt es auch einen Karneval.

e Der ist aber ganz anders und .... viel schöner.

f ...., dass wir keine lustigen Kostüme tragen, sondern Tänzer ziehen mit Musik durch die Straßen.

g Ich ...., dass es beim deutschen Karneval nur um viel Alkohol und dumme Witze geht.

---

7   **Ihre Partnerin / Ihr Partner soll reagieren und Fragen stellen. Sortieren Sie.**   8 Punkte

Wann findet der Karneval bei euch statt? ● Gibt es einen besonderen Brauch? ● Also, ich habe da ganz andere Erfahrungen mit dem deutschen Karneval gemacht als du. ● Ich verstehe nicht, dass du das so negativ siehst. ● Wie interessant! Ich wusste gar nicht, dass der Karneval so lange dauert. ● Welches Fest magst du denn am liebsten? ● Mich würde interessieren, ob du auch den Karneval in der Schweiz kennst. ● Ich bin überrascht. In der Schweiz war das ein bisschen anders.

Reaktionen

....

....

....

....

....

....

Nachfragen

....

....

....

....

....

....

SPRECHEN: 5 + 7 + 8 = 20 Punkte

Ich: __ +__ + __ = __ Punkte

---

8   **Schreiben Sie einen Brief zu folgender Situation. Geben Sie den Brief Ihrer Kursleiterin / Ihrem Kursleiter oder deutschsprachigen Freunden zur Korrektur.**

Sie haben eine Deutschlandreise gebucht. Am meisten freuen Sie sich auf die Stadt Lübeck, denn Sie wollten schon immer mal das Lübecker Marzipan probieren. Nun haben Sie einen Brief vom Reiseveranstalter bekommen, in dem Ihnen mitgeteilt wird, dass die Fahrt nach Lübeck ausfällt. In einem kleinen Dorf findet der kuriose Brauch des „Eierlaufens" statt. Diesen sollen sich die Reiseteilnehmer ansehen können.

–   Wer Sie sind und was der Grund für Ihr Schreiben ist
–   Ihre Enttäuschung über die Änderung
–   Was erwarten oder wünschen Sie sich vom Reiseveranstalter?
–   Bitte um Antwort und Bestätigung

SCHREIBEN: 8 Punkte

Ich: __ Punkte

60–55:	54–49:	48–43:	42–37:	36–31:	30–0:	**Meine Punkte:**
Super!	Sehr gut!	Gut.	Es geht.	Noch nicht so gut.	Ich übe noch.	_____

Noch mehr Übungen finden Sie unter http://www.hueber.de/schritte-plus → Lernen

Lösungen

Lektion 1

1   **a** ging • wollte • war • schenkte   **b** traf • gab • bekam • dachte   **c** sah • tauschte   **d** begegnete • sagte • hatte • durfte   **e** erzählte • bot • freute   **f** traf • zeigte • fand • nahm   **g** machte • stellte • fiel • rief • lief

2   **a** Als   **b** wenn   **c** Wenn   **d** als   **e** als   **f** wenn

3   **a** gebissen hatte   **b** gesetzt hatte   **c** getroffen hatte   **d** gespielt (hatten) • gemacht hatten

4   **a** Schaden   **b** Schutzengel   **c** Einbrecher   **d** Pech   **e** Glück   **f** Polizei

5   **a** falsch   **b** richtig   **c** richtig   **d** richtig   **e** falsch   **f** falsch   **g** falsch   **h** richtig   **i** falsch

6   **a** Glück   **b** Das Wort „Glück" beschreibt ein einziges Gefühl: *falsch* • In anderen Sprachen gibt es mehrere Wörter für „Glück": *richtig*   **c** Zeit mit anderen verbringen • sich mit Hobbys beschäftigen • Ziele haben • sich viel bewegen • ein Glückstagebuch führen

Pause   Jeder ist für seinen Erfolg und sein Glück selbst verantwortlich.

7   ich muss dir • erinnerst du dich • Und da • Eigentlich • Plötzlich • Stell dir vor • ist nichts passiert • Du glaubst nicht

8   Samstagabend • Polizisten • 48-jährigen Mann • Polizeistation • Fahrerflucht • Unterhose

9   Eine 100 Jahre alte Frau in Köln zog sechs Wochen nach ihrem Einzug in ein Altersheim (schon) wieder aus. Ihrer Meinung nach waren zu viele alte Leute in dem Altersheim.

Lektion 2

1   **a** Willi sieht sich um 22 Uhr die Nachrichten an, obwohl er um 20 Uhr schon Nachrichten gesehen hat.   **b** Er sieht sich alle Sportwettbewerbe an, obwohl er selbst gar nicht sportlich ist.   **c** Obwohl er Liebesfilme überhaupt nicht mag, leiht er für seine Frau „Pretty Woman" aus der Videothek aus.   **d** Obwohl er abends früh ins Bett gehen will, sitzt er meistens bis Mitternacht vor dem Fernseher.   **e** Obwohl er von der Arbeit immer sehr müde ist, ist er noch nie vor dem Fernseher eingeschlafen.   **f** Er mag das Kinderprogramm am Sonntagvormittag, obwohl er keine Kinder hat. / Obwohl er das Kinderprogramm am Sonntagvormittag mag, hat er keine Kinder.

2   **a** die   **b** der   **c** der   **d** die   **e** das   **f** die

3   **a** der so gut aussieht • dem ich auf Katrins Fest begegnet bin • der mich ins Kino eingeladen hat   **b** die ich so gern wiedersehen wollte • die mir in ihrem Sommerkleid so gut gefallen hat • der ich einen Kino-Gutschein geschenkt habe

4   **a** wirklich • gar nicht   **b** echt • überhaupt   **c** besonders • nicht besonders   **d** ziemlich • wirklich

5   **a** Serien   **b** Zeichentrickfilme   **c** Komödien   **d** Politmagazine

6   **a** Das Opfer lebt nicht mehr.   **b** Er lügt.   **c** Er hat die Tat beobachtet.   **d** Er hat das Verbrechen begangen.   **e** Er ist ein Dieb.

7   **a** richtig   **b** falsch   **c** falsch   **d** richtig   **e** richtig

8   **a** Die Beschreibung von Orten und Menschen ist typisch für einen Regionalkrimi.   **b** Man erfährt recht viel über den Alltag an der Nordsee.   **c** Man nennt Mankells Krimis nicht Ystad-Krimis.   **d** Seit 1970 untersuchen Kommissare in fast allen Städten Verbrechen.

9   **a** besondere Filme, die eine interessante Geschichte erzählen.   **b** wählt die Filme aus, die das Kino zeigen will.   **c** viele Leute Filme lieber zu Hause auf DVD anschauen.   **d** Man muss gute Ideen haben,   **e** Große Kinos

10   **a** Das kann schon sein.   **b** Das ist keine gute Idee.   **c** Lasst uns das doch machen.   **d** Genau. Das stimmt.   **e** Das kommt für mich nicht infrage.

11   ▲ Wir könnten doch heute Abend ins Theater gehen. ● Du weißt doch, dass ich Theater nicht mag.   ▲ Aber es kommt ein total lustiges Theaterstück. Das gefällt dir bestimmt.   ● Nein, das kommt für mich nicht infrage. Ich würde lieber ins Kino gehen.   ▲ Ph! Ins Kino! Wie langweilig. Ins Kino gehen wir doch immer.   ● Na und? Ein guter Actionfilm ist doch viel besser als ein langweiliges Theaterstück.   ▲ Also, ich finde, wir sollten zu Hause bleiben, wenn wir uns nicht einigen können.   ● Gut, einverstanden. Was kommt denn im Fernsehen?   ▲ Ein alter Krimi.

Pause   Die Frau ist ziemlich unordentlich. Trotzdem liebt der Mann sie.

12   **a** Die Musik war fantastisch, aber der Sänger war echt unfreundlich.   **b** Der Schauspieler ist ein sehr höflicher Mann, der auch unglaublich romantisch sein kann.   **c** Die Schriftstellerin ist eine ziemlich kritische Frau, die sehr praktisch denkt und selbstständig sein will.   **d** Der Film, den meine Freundin so lustig fand, war schrecklich langweilig.   **e** Traurige Geschichten, die aber ein glückliches Ende haben, gefallen allen.   **f** Im Roman geht es um einen französischen König, der sehr traurig ist und den nichts fröhlich machen kann.   **g** Aus dem sportlichen Mädchen wurde eine erfolgreiche Sportlerin, die dreißig Preise gewann.

Lösungen

Lektion 3

1 **a** der **b** des **c** des • der **d** der **e** eines **f** des **g** der

2 **a** Vor dem Training sollte der Körper immer aufgewärmt werden. **b** Deshalb muss er erst auf die richtige Temperatur gebracht werden. **c** Es sollte immer mit einem leichten Warmlaufen begonnen werden. **d** Es können auch ein paar Übungen zur Lockerung des Körpers gemacht werden. **e** Nach dem Joggen sollten die Muskeln durch Schütteln und Springen locker gemacht werden. **f** Nach dem Training kann der Körper auch mit sanften Dehnungen entspannt werden.

3 **a** anwenden **b** nehmen **c** behandeln **d** messen **e** abnehmen **f** röntgen

4 niesen • erkältet • ernähren • Entspannen • impfen • atmen

5 Aqua-Sport allgemein – Vorteile: gut für Herz und Kreislauf • trainiert Bauch- und Rückenmuskulatur • schont die Gelenke • ist effektiv, aber sanft • reduziert das Verletzungsrisiko; für alle
Aqua-Jogging – Vorteile: Muskeln werden weniger intensiv gebraucht als an Land; für Menschen, die zu viel wiegen • für Nichtschwimmer
Aqua-Aerobic – Vorteile: kräftigt Arme und Beine • gut für die Kondition; für alle, die Musik und Abwechslung lieben
Aqua-Cycling – Vorteile: gutes Training für den ganzen Körper (Arme, Beine, Rücken, Bauch) • Muskeln werden massiert • der Körper verbrennt Fett; für sportliche Menschen • für Menschen, die abnehmen wollen
Aqua-Qi-Gong – Vorteile: Schwimmen vor den Übungen • Pausen zwischen den Übungen; für Menschen, die es gemütlicher mögen
Aqua-Relaxing – Vorteile: sanfte Bewegungen • Dehnungen und Massagen entspannen den Körper; für Menschen, die Entspannung suchen

6 **a** richtig **b** falsch **c** richtig **d** falsch **e** richtig **f** falsch

7 **a** Ich an Ihrer Stelle würde **b** würde ich ein heißes Bad nehmen. **c** Du solltest **d** Es wäre am besten, **e** Ich empfehle dir **f** Sie sollten

8 **a** 100 Prozent unserer Gruppe **b** 50 Prozent unserer Gruppe **c** 25 Prozent unserer Gruppe **d** Fast alle in unserer Gruppe **e** Nur ein paar in unserer Gruppe

9 Ich habe schreckliche Magenschmerzen. • Ja, aber was? Kennst du vielleicht ein gutes Medikament? • So? Was würdest du mir denn dann empfehlen? • Ich kann es ja mal versuchen, obwohl ich im Moment gar keinen Appetit habe. • Ich weiß. Aber das ist so schwer! • Vielleicht hast du recht. Okay. Ich erkundige mich mal bei meiner Kasse.

10 Lösungsvorschlag:
Du solltest / Ich an Deiner Stelle würde zum Arzt gehen. / Es wäre am besten, wenn Du zum Arzt gehen würdest. Dein Arm muss/sollte geröntgt werden.
Du kannst/solltest auch eine kühlende Salbe benutzen. / Ich an Deiner Stelle würde eine kühlende Salbe benutzen. / Ich empfehle Dir eine kühlende Salbe.
Gute Besserung! / Ich wünsche Dir gute Besserung.

Lektion 4

1 **a** Aber sie würde lieber Sahnetorte essen. **b** Aber sie würde lieber Musik hören. **c** Aber sie würde lieber mit ihrer Freundin telefonieren. **d** Aber sie würde lieber Computerspiele spielen. **e** Sie würde aber gern bis spät in die Nacht lesen. **f** Aber sie würde lieber in die Disco gehen.

2 **a** Wenn Nina nicht Diät machen würde, würde sie Sahnetorten essen. **b** Wenn Nina nicht für eine Sprachprüfung lernen müsste, würde sie Musik hören. **c** Wenn Nina nicht ihre Kleider aufräumen müsste, würde sie mit ihrer Freundin telefonieren. **d** Wenn Nina nicht am Computer arbeiten würde, würde sie Computerspiele spielen. **e** Wenn Nina nicht morgen sehr früh einen Termin hätte, würde sie bis spät in die Nacht lesen. **f** Wenn Nina die Wochenenden nicht mit ihren Eltern verbringen würde, / Wenn Nina nicht die Wochenenden mit ihren Eltern verbringen würde, würde sie in die Disco gehen.

3 **a** weil **b** darum **c** darum **d** wegen **e** wegen **f** weil

4 Muttersprache • Schrift • Dialekt • Akzent • Übersetzung • Heimat

Pause **a** ERZÄHLEN **b** DISKUTIEREN **c** UNTERHALTEN **d** ERKUNDIGEN **e** ÜBERSETZEN
Lösung: ZUNGE

5 **a** richtig **b** richtig **c** falsch **d** falsch

6 **a** muss trotzdem gut Deutsch lernen. **b** dass man ohne perfektes Deutsch keine beruflichen Kenntnisse hat. **c** eine Arbeitsstelle in Österreich findet. **d** Deutschland und Polen haben eine gemeinsame Geschichte. **e** schade, dass sich nicht so viele Deutsche für Polnisch interessieren. **f** von ihrem Mann Deutsch gelernt. **g** hat Probleme, weil sie die Lehrer nicht gut genug versteht. **h** sind gute Deutschkenntnisse Bedingung. **i** weil er in Deutschland lebt. **j** wegen ihrer Kinder.

7 **a** richtig **b** falsch **c** richtig **d** falsch **e** richtig **f** richtig **g** richtig

8 **a** Willst du damit sagen, dass ich nicht Auto fahren kann? **b** Das letzte Wort habe ich nicht verstanden. **c** Habe ich das richtig verstanden? Ich bekomme den Job nicht? **d** Ich verstehe nicht. Was wollen Sie eigentlich genau sagen?

9 **a** Bedeutet das, dass ich dagegen etwas tun muss? **b** Ach, Sie meinen damit, dass es Ihnen nicht gefällt. **c** Das verstehe ich nicht. Kannst du mir das bitte erklären? **d** Könnten Sie sich bitte ein bisschen leiser unterhalten? • Soll das heißen, dass wir zu laut sind? • Wie bitte? Können Sie das bitte wiederholen?

10 A7, B5, C4, D1, E2, F3, G6

Lösungen

Lektion 5

1 **a** – **b** – **c** zu **d** zu **e** – **f** zu

2 **a** mit dem Hund rauszugehen **b** Oma anzurufen **c** einzukaufen **d** Dein Zimmer aufzuräumen **e** bis neun Uhr zu Hause zu sein

3 **a** Ja **b** Nein **c** Nein **d** Ja **e** Ja

4 **a** Der Chef hat schon alle Angestellten entlassen. **b** Mein Mann ist als Monteur bei einem Autohersteller tätig. **c** Herr Rabl will Karriere machen und bildet sich regelmäßig weiter. **d** Wir produzieren in unserer Firma Haushaltsgeräte. **e** Wir brauchen dringend Unterstützung und sollten neue Mitarbeiter einstellen. **f** Tanja und Klaus haben ihre Stelle gekündigt und sich selbstständig gemacht.

5 **a** 3 **b** 5 **c** 4 **d** 1 **e** 2 **f** 6

6 **a** einen Termin beim Berufsberater **b** möchte gern in der Gastronomie tätig sein **c** mit Menschen umzugehen **d** kümmert sich um Gäste und Restaurant **e** die Informationen über alle drei Berufe zu lesen

7 **a** Investmentbankerin • Automechanikerin **b** Ingenieurin • Bankkauffrau **c** Schulungszentrum **d** Technik **e** körperliche Arbeiten **f** Autowerkstatt

Pause **A** richtig **B** richtig

8 **a** Können Sie sich diese Tätigkeit vorstellen? **b** Wie geht es dir denn bei der Arbeit? **c** Kannst du dir vorstellen, dir eine neue Stelle zu suchen? **d** Ist bei Ihnen im Job immer noch so viel los? **e** Wie hast du diese neue Stelle gefunden?

9 Haben Sie denn Berufserfahrung • Sie haben keine Ausbildung in der Hotelbranche gemacht • habe Altenpflegehelferin • bin Hausfrau • Wir bieten eine 5-Tage-Woche • Am Wochenende ist mein Mann zu Hause • Ihre Arbeitsgenehmigung und Ihre Aufenthaltserlaubnis • meine kompletten Unterlagen

10 *Musterlösung:*
Bewerbung als Stadtgärtner
Sehr geehrter Herr Römer,
vielen Dank für das freundliche Telefongespräch. Wie vereinbart, sende ich Ihnen anbei meine Bewerbung als Gärtner für die Grünanlagen von Neustadt. Wie Sie aus meinen Unterlagen ersehen können, habe ich bereits mehrere Jahre Berufserfahrung. Ich habe einige Jahre als Friedhofsgärtner gearbeitet. Zuletzt war ich drei Jahre in einer Baumschule tätig. Zu meinen Aufgaben dort gehörten die Baumpflege und die Baumsanierung. Ich denke, dass diese Erfahrungen die ideale Voraussetzung für die Tätigkeit im Stadtpark sind. Meine Muttersprache ist Italienisch. Ich lebe aber schon seit sechs Jahren in Deutschland, deshalb spreche ich auch gut Deutsch. Die Stelle als Stadtgärtner interessiert mich sehr. Über eine Einladung zu einem persönlichen Gespräch würde ich mich daher freuen.
Mit freundlichen Grüßen
Francesco Coletto

Lektion 6

1 **a** Frauke arbeitet im Reisebüro, um für sich selbst günstige Reiseangebote zu finden. **b** Sie bietet ihren Kunden nur Flüge von bekannten Fluggesellschaften an, damit sie sich sicher fühlen. **c** Sie probiert selbst neue Hotels aus, um ihre Kunden gut beraten zu können. **d** Sie empfiehlt Pauschalreisen, damit die Kunden nicht die Mühe mit der Reiseorganisation haben. **e** Sie besucht jedes Jahr die ITB Berlin, die wichtigste Tourismus-Messe, um sich über neue Trends zu informieren. **f** Sie bringt viele Kataloge und Prospekte mit, damit ihre Kunden einen Einblick in die verschiedenen Reisemöglichkeiten bekommen.

2 **a** Heute hat Evelyn zuerst die Post geöffnet, statt sich einen Kaffee zu kochen. **b** Heute hat sie sofort alle E-Mails beantwortet, statt die Tageszeitung zu lesen. **c** Heute hat sie sich auf die Arbeit konzentriert, statt sich mit der Kollegin zu unterhalten. **d** Heute hat sie erst um 14 Uhr kurz Pause gemacht, statt schon um elf Uhr in die Kantine zu gehen. **e** Heute hat sie sich mit ihren Kollegen abgesprochen, statt alle Entscheidungen selbst zu treffen. **f** Heute ist sie bis 19 Uhr geblieben, statt den Arbeitstag um 16 Uhr zu beenden.

3 **a** ohne dich über das Reiseziel zu informieren. **b** ohne die aktuelle Abflugzeit zu prüfen. **c** ohne Medikamente gegen Magen-Darm-Krankheiten mitzunehmen **d** ohne eine gute Sonnencreme zu benutzen **e** ohne dein Handy auszuschalten.

4 Klima • Temperaturen • warm – heiß • kühl – neblig • Schnee • wärmer – sonniger • sommerliches

Pause **1** Eisheiligen **2** Schafskälte **3** Altweibersommer

5 **a** falsch **b** keine Auskunft **c** richtig **d** keine Auskunft **e** richtig **f** falsch

6 **a** liegt in einer sehr warmen Gegend. **b** noch heute für seine Spielbank bekannt. – ein berühmter Badeort. **c** ein beliebtes Ferienziel von Künstlern. **d** es viel zu sehen. **e** jährlich ca. 800 000 Gäste.

7 Richtig sind 1, 2 und 6

8 **a** In dieser Abbildung sehen wir, wohin die Deutschen am liebsten reisen. **b** Es wundert mich, dass so wenige nach Frankreich fahren. **c** Nur etwa jeder Dritte macht Urlaub in Frankreich. **d** Mehr Leute machen in Skandinavien als in Frankreich Urlaub. Das finde ich überraschend. **e** Frankreich liegt auf dem sechsten Platz und kommt damit nach Skandinavien. **f** Die Abbildung zeigt keine deutschen Reiseziele. Das finde ich komisch.

9 Kann ich etwas für Sie tun? • Können Sie mir da einen empfehlen? • Wie wäre es mit diesem hier? • Wirklich? Also, ich weiß nicht. • Es kommt darauf an, was er kostet. • Aber trotzdem danke für die Mühe.

10 Ich hätte gern Schuhe für den Herbst. • Nun, Sie sollten am besten schwarz sein. Und ich brauche Größe 43. • Ja, die gefallen mir. Was kosten sie denn? • Ehrlich gesagt, das finde ich ganz schön teuer. • Gut. Sie haben mich überzeugt. Ich nehme die Schuhe. • Wenn ich schon so teure Schuhe kaufe, dann kann ich gleich noch die passende Pflege nehmen.

11 *Musterlösung:*
Sehr geehrte Damen und Herren,
ich habe in der Zeitung von Ihrem Tierhotel gelesen. Ich interessiere mich sehr für Ihr Angebot, denn ich bin oft

Lösungen

auf Geschäftsreise und brauche dann jemanden, der sich um meinen Hund kümmert. Ich hätte aber gern noch ein paar Informationen: Könnten Sie mir mitteilen, wie viel so ein Tag im Tierhotel kostet? Gibt es einen Garten für die Tiere? Ich würde auch gern wissen, wie oft Sie mit den Hunden spazieren gehen. Ist es möglich, dass Sie meinen Hund bei mir zu Hause abholen? (Ich habe nämlich kein Auto.)
Besten Dank im Voraus für die Auskunft.
Mit freundlichen Grüßen

Lektion 7

1 **a** Wären wir bloß früher losgefahren! • Wenn wir bloß früher losgefahren wären! **b** Wäre ich bloß nicht geblieben! • Wenn ich bloß nicht geblieben wäre! **c** Hätten Sie bloß mehr Sport getrieben! • Wenn Sie bloß mehr Sport getrieben hätten! **d** Hätte ich bloß einen neuen Stadtplan gekauft! • Wenn ich bloß einen neuen Stadtplan gekauft hätte! **e** Hätte ich bloß den Auftrag nicht angenommen! / Hätte ich den Auftrag bloß nicht angenommen! • Wenn ich bloß den Auftrag nicht angenommen hätte! / Wenn ich den Auftrag bloß nicht angenommen hätte!

2 damit • in ihn – mit ihm • darauf – über – darüber • darüber – davon

3 **a** entweder – oder **b** nicht nur – sondern auch **c** zwar – aber **d** zwar – aber **e** entweder – oder

4 **a** besichtigt – gebaut **b** geheizt – entschieden **c** gemietet – eingerichtet – ausziehen • abgemacht

Pause … ein großes und wertvolles Haus, in dem Könige wohnen. / etwas an Türen oder Koffern zum Abschließen (mit einem Schlüssel).

5 **A** Eigener Herd ist Goldes wert **B** Mehr Platz! **C** Mobile Deutsche **D** Stadt der einsamen Herzen

6 **a** richtig **b** richtig **c** falsch **d** falsch

7 **1** Samstag – halb neun (8 Uhr 30) **2** 0170 – 62 36 97 17 – am Wochenende **3** Einfamilienhaus – Reihenhaus **4** der Tiefgarage **5** Grillparty – Grill

8 **a** Könnten Sie bitte darauf achten, dass Sie nach 22 Uhr nicht mehr waschen? **b** Es wäre schön, wenn Sie Rücksicht nehmen könnten und nicht auf dem Balkon rauchen würden. **c** Entschuldigen Sie! Ich werde ab jetzt besser aufpassen. **d** Es wäre schön, wenn wir dieses kleine Problem lösen könnten.

9 Das geht Sie doch nichts an! • Das ist nicht mein Problem. • Das ist ein starkes Stück! • Dann beschweren Sie sich doch beim Vermieter.

10 *Musterlösung:*
● Also, Ihr Hund, der läuft ja immer frei herum. Und – nun ja – er macht sein Geschäft immer auf den Gartenweg.
▲ Ach, wirklich? Das ist mir gar nicht aufgefallen. / Tatsächlich?
● Ich bin schon zweimal hineingetreten.
▲ Oh, das tut mir schrecklich leid. Ich passe in Zukunft auf (, dass das nicht mehr passiert).
● Vielen Dank. Das ist sehr nett / Das ist sehr freundlich. Auf Wiedersehen, Frau Wutz.

11 *Musterlösung:*
Liebe Frau Mayer,
wie Sie wissen, bereite ich mich gerade auf eine Prüfung / auf den Deutsch-Test für Zuwanderer vor. Deshalb stört es mich sehr, wenn Sie so laut Musik hören. Wäre es möglich, dass Sie die/Ihre Musik (in den nächsten Wochen) etwas leiser drehen? / Es wäre daher schön, wenn Sie die/Ihre Musik etwas leiser drehen könnten.
Vielen Dank für Ihr Verständnis.
Viele Grüße

Lektion 8

1 **a** über den **b** der **c** an den **d** mit dem **e** von dem **f** von der **g** die **h** der **i** mit der **j** auf die / über die

2 Je länger man sich kennt, desto langweiliger wird die Beziehung. • Je besser man sich kennt, desto mehr Vertrauen kann man haben. • Aber je länger man zusammen ist, desto weniger aufmerksam ist man dem Partner gegenüber. / … desto weniger ist man dem Partner gegenüber aufmerksam • Je größer die Liebe ist, desto intensiver bleiben die Gefühle. • Je älter die Beziehung ist, desto weniger redet ein Paar miteinander. • Je mehr Zeit vergeht, desto mehr muss man sich um den anderen bemühen.

3 **a** die Wissenschaft **b** die Mannschaft **c** die Entfernung **d** die Enttäuschung **e** die Sparsamkeit **f** die Trennung **g** die Freundschaft **h** die Aufmerksamkeit **i** die Zuverlässigkeit

4 **a** Kollegen **b** Herrn **c** Deutscher • Deutscher **d** Erwachsene • Jugendliche

5 **a** nicht ganz klar **b** gibt es unterschiedliche Gewohnheiten bei der Anrede **c** der Altersunterschied **d** positiv **e** werden am Anfang bestimmt

6 **a** richtig **b** falsch **c** richtig **d** richtig **e** richtig

7 Gemeinsame Freizeit / Unternehmungen: Vinzent, Wolfi • Zusammen lachen: Pascal • Gut reden können: Vinzent • Sich gegenseitig helfen: Cora, Franziska • Freunde sind wichtiger: Pascal • Die Familie ist wichtiger: Ariane, Franziska • Familie und Freunde sind gleich wichtig: Cora • Freundschaften mit dem anderen Geschlecht sind möglich: Ariane, Wolfi

Pause **a** Verliebte ärgern sich gern gegenseitig. **b** Wer liebt, der sieht die Fehler des Partners nicht mehr. **c** Eine Jugendliebe vergisst man nicht. **d** Je besser jemand kochen kann, desto größer wird die Liebe des Partners.

8 Dann musst du eine Karte ziehen. • Du bist dran. • Das ist gegen die Regel! • Juhu, gewonnen! • Man muss auch verlieren können. • Jetzt aber Revanche!

9 **a** Ja, gern. Ich heiße Friedrich. **b** Ja, freut mich auch. Übrigens, von mir aus können wir uns gern duzen. **c** Wir sagen hier alle Du zueinander. Ist Ihnen das recht, Herr Halbig? **d** Stimmt. Deshalb fände ich es schön, wenn wir „du" sagen.

10 Offene Aufgabe. Jeweils einen Punkt für: • Einleitungssatz • Mindestens zwei Sätze zu einer der vier Fragen • Mindestens zwei Sätze zu einer anderen der vier Fragen • Schlusssatz

Lektion 9

1 **a** Während ihr am Drucker rumgespielt habt, habe ich Pizza für die Kunden gebacken. **b** Während ihr im Internet gesurft habt, musste ich alle Bestellungen aufnehmen. **c** Während ihr eine neue Software installiert habt, habe ich Herrn Müller von gegenüber ein Currygericht gebracht. **d** Während ihr den PC blockiert habt, musste ich die Rechnungen mit der Hand schreiben. **e** Während ihr fröhlich Pizza gegessen habt, habe ich allein die Küche geputzt.

2 **a** Nachdem ich mindestens zwanzig Curryhuhn mit Reis gemacht hatte, habe ich Pizza für die Kunden gebacken. **b** Nachdem ich Pizza für die Kunden gebacken hatte, musste ich alle Bestellungen aufnehmen. **c** Nachdem ich alle Bestellungen aufgenommen hatte, habe ich Herrn Müller von gegenüber ein Currygericht gebracht. **d** Nachdem ich Herrn Müller von gegenüber ein Currygericht gebracht hatte, musste ich die Rechnungen mit der Hand schreiben. **e** Nachdem ich die Rechnungen mit der Hand geschrieben hatte, habe ich allein die Küche geputzt.

3 **a** Giovanni tut so, als ob die beiden nur am Drucker rumgespielt hätten. Aber in Wirklichkeit haben sie ein Problem mit dem Drucker gelöst. **b** Es scheint so, als ob sie nur im Internet gesurft hätten. Aber in Wirklichkeit haben sie die Druckersoftware installiert. **c** Es sieht so aus, als ob sie nur neue Software installiert hätten. Aber in Wirklichkeit mussten sie auch die Bedienungsanleitung lesen. **d** Er sagt das so, als ob sie (nur) den PC blockiert hätten. Aber in Wirklichkeit hat Giovanni den PC nie benutzt. **e** Es hört sich so an, als ob sie fröhlich Pizza gegessen hätten. Aber in Wirklichkeit haben sie den ganzen Nachmittag hart gearbeitet.

4 **a** löschen **b** drücken **c** ziehen **d** installieren **e** tippen **f** klicken

5 **a** Fehlermeldung **b** Datei – Rechner **c** Laufwerk **d** Kopierer

Pause Wie kann ich eine Internetseite bauen, die die Benutzer nicht nur lesen, sondern auch selbst ändern können? • Das muss ich noch im Internet suchen. • Meine Freundin und ich schreiben oft Internet-Tagebuch.

6 **a** richtig **b** falsch **c** richtig **d** richtig **e** richtig **f** falsch

7 1 Lena kann den Drucker morgen abholen. 2 weil der Mann Maus und Computer nicht verbunden hat. 3 kosten heute 199 Euro. 4 Der Mann hat vergessen, eine Taste zu drücken. 5 sind sehr kleine Computer.

8 **a** ein ganz normaler Gegenstand. **b** interessiert sich nicht mehr für Hobbys und Freundschaften. **c** werden sie nervös. **d** Immer mehr **e** können auch computersüchtig werden.

9 Entschuldigen Sie, ich bin zum ersten Mal • Sehen Sie, da vorne steht ein Parkautomat • Könnten Sie mir vielleicht zeigen • Zuerst müssen Sie hier Geld • Woher weiß ich denn • Dann müssen Sie die grüne Taste drücken und warten • Zuletzt müssen Sie den Parkschein • Das war sehr freundlich von Ihnen

10 **a** Das Gefühl kenne ich gut. Mein Freund chattet auch viel. **b** Das sehe ich auch so. **c** So ein Verhalten finde ich unmöglich. **d** Das zeigt doch, dass er deine Gefühle ernst nimmt. **e** Ehrlich gesagt, ich würde das nicht machen. **f** Du nutzt doch selbst die Vorteile des Netzes. Deshalb solltest Du toleranter sein.

Lektion 10

1 **a** wo **b** was **c** was **d** wo **e** wo **f** was

2 **a** Eis essende Kinder **b** flirtende Jugendliche **c** einen schlafenden Mann **d** einen schwimmenden Jungen **e** eine lesende Frau **f** ein weinendes Kind **g** lachende Möwen **h** ein sich küssendes Paar

Pause Alles, was ... • Dort, wo ... • dort, wo ... • etwas, was – etwas, was – etwas, was

3 **a** umtauschen **b** feststellen • beschädigt • schlage vor **c** verpacken • abgemacht

4 **a** sowohl – als auch **b** sowohl – als auch **c** sowohl – als auch **d** weder – noch **e** weder – noch

5 mutig – erfolgreicher • weiblich • künstlich • gleichberechtigt

6 **A** Das intelligente Auto **B** Zwei in einem **C** Kopfunterlage mit Anti-Schnarch-Funktion

7 **A** Das intelligente Auto soll bis 2018 Wirklichkeit werden. **B** Diese Stehlampe kann alles, was eine gewöhnliche Stehlampe auch kann. **C** Das Kopfkissen hilft gegen Schnarchen.

8 1 C 2 E 3 A 4 B 5 F 6 D

9 **a** Ja, aber es war sehr viel los und ich bin leider nicht dazu gekommen. Ich bitte um Verständnis. **b** Oh, das tut mir leid. Sie bekommen selbstverständlich eine neue. **c** Oh! Was war denn nicht in Ordnung? **d** Ach, wirklich? Da sehe ich nur eine Möglichkeit, nämlich dass wir es noch einmal versuchen. **e** Das wundert mich. Wir haben sie schon lange losgeschickt. **f** Bitte entschuldigen Sie. Ich werde mich sofort darum kümmern. **g** Ich kann verstehen, dass Sie verärgert sind. Darf ich Ihnen einen anderen anbieten? **h** Das ist aber immer so. Es tut mir wirklich leid, aber ich kann in diesem Fall leider nichts für Sie tun.

10 Als • Und das, obwohl • Aus diesem Grund • Aber • Leider • Schließlich • Ehrlich gesagt

Lösungen

11 *Musterlösung:*
Sehr geehrte Damen und Herren,
vor sechs Wochen habe ich bei Ihnen eine Bluse bestellt.
Als ich das Päckchen öffnete, musste ich leider feststellen,
dass Sie mir eine rote Bluse geschickt haben. Ich hatte
aber eine blaue Bluse bestellt. Selbstverständlich habe ich
die Bluse sofort zurückgeschickt und um eine neue Bluse
gebeten. Bis heute habe ich aber weder eine neue Bluse
bekommen noch mein Geld zurückbekommen. Ich muss
sagen, dass ich sehr verärgert bin und die Bluse nun nicht
mehr möchte. Ich bitte Sie, den Betrag (in Höhe) von
37,99 Euro auf mein Konto zu überweisen.
Mit freundlichen Grüßen

Lektion 11

1 **a** Aufforderung **b** Vermutung **c** Vorsatz/Plan
d Vorsatz/Plan **e** Aufforderung **f** Vermutung
2 **a** werde ich aufs Land ziehen. **b** werde ich eine
Wohnung mit Balkon kaufen. **c** werde ich Blumen auf
dem Balkon haben. **d** werde ich sogar in einer Gartenwohnung mit Terrasse leben. **e** werde ich jeden Abend
auf der Terrasse sitzen.
3 **a** außerhalb **b** außerhalb **c** innerhalb **d** innerhalb
4 vorkommen • beleidigt • missverstanden • behandeln •
unterbrochen
5 **a** beurteilen **b** nehmen **c** brauchen **d** machen
e zudrücken **f** klären
Pause zwar höflich, aber auch ungeduldig und genervt
6 **a** halten fast alle älteren Damen für selbstverständlich.
b finden sowohl jüngere als auch ältere Frauen wichtig.
c möchten, dass ein Mann zur Begrüßung aufsteht.
d freut sich, wenn der Mann ihr im Lokal den Stuhl her-
anschiebt. **e** erwarten auch ältere Damen heute nicht
mehr so oft: nicht einmal drei Viertel.
7 **a** falsch **b** falsch **c** falsch **d** richtig **e** richtig
f richtig **g** richtig
8 werde • wollte • wird • will / werde
9 **a** Hallo! Junger Mann! Du kannst doch hier nicht einfach
deinen Müll auf die Straße werfen. **b** Oh! Ich habe gar
nicht gemerkt, dass mir was runtergefallen ist. **c** Das
glaubst du doch wohl selber nicht. So geht das nicht!
d Ach, kommen Sie, so schlimm ist das auch wieder nicht.
e Nein. Das ist nicht in Ordnung. Du wirst das jetzt
aufheben und da vorne in den Müll werfen. **f** Ja, ja,
schon gut. Tut mir leid.
10 **1** ich beziehe mich auf Ihren Artikel „Autofahrer ohne
Rücksicht" in Ihrer letzten Ausgabe. **2** Der Autor des
Artikels schimpft vor allem über Verkehrsrowdys, die zu
schnell fahren und damit andere in Gefahr bringen.
3 Grundsätzlich sehe ich das auch so: Es ist ein Problem.
4 Aber meiner Meinung nach kann man nicht nur die
schnellen Autofahrer für Unfälle verantwortlich machen.
5 Was ist mit den „gemütlichen" Fahrern, die einfach auf
die Überholspur wechseln, ohne in den Rückspiegel zu
schauen oder zu blinken? **6** Die fahren doch im
wahrsten Sinne des Wortes ohne Rück-Sicht. **7** Ein
anderes Beispiel: die älteren Damen oder Herren, die auf
einer dreispurigen Autobahn grundsätzlich auf der
mittleren Spur fahren – und zwar mit 100 km/h. Sind die
keine Gefahr? **8** Zusammenfassend möchte ich sagen,
dass auch andere Autofahrer ein Risiko im Verkehr sind.
Auch dafür sollte es Strafen geben, nicht nur für zu
schnelles Fahren.

Lektion 12

1 **a** ohne dass der Besitzer des Computers etwas merkt.
b ohne an die gesundheitlichen Folgen zu denken.
c ohne dass die Krankenkasse die Kosten dafür bezahlt.
d ohne den Vermieter um Erlaubnis zu bitten. **e** ohne
dass der Vermieter einverstanden ist.
2 **a** indem wir uns ein Auto teilen. **b** indem sie für sie
einkauft und die schweren Hausarbeiten macht. **c** indem
sie Lebensmittel spenden. **d** indem sie Schülern
kostenlos Nachhilfe geben. **e** indem sie selbst
gebackenen Kuchen verkauft.
3 **a** Seit **b** bis **c** bis **d** Seit **e** seit
4 **a** protestieren **b** setzen **c** unterstützen **d** engagiert
e mitmacht
5 **a** beitreten **b** beenden **c** beraten **d** begeistern
e beruhigen
Pause **1** Vorbild **2** Wahrheit **3** Kündigung **4** Ehrenamt
5 Tafel **6** Gewissen; *Lösung:* Vereinsmeier
6 **a** richtig **b** richtig **c** richtig **d** falsch **e** richtig
f richtig **g** falsch **h** falsch
7 **1** sind ehrenamtliche Projekte von Jugendlichen. **2** hat
die Senioren freiwillig besucht. **3** haben ein Jugendzentrum renoviert. **4** hat ein Theaterstück gezeigt.
5 haben die Einnahmen aus einem Fußballspiel gespendet.
6 hat mit ihrer Klasse einen Secondhand-Laden
gegründet.
8 **a** Ich weiß nicht mehr weiter. **b** Was ist denn genau
dein Problem? **c** Mach dir keine Sorgen, das kann doch
jedem mal passieren. **d** Ich habe da eine Idee. Du
könntest zum Mieterverein gehen.
9 **1** Hallo, Miriam. Gut, dass du zu Hause bist. Du musst
mir helfen. **2** Hallo, Nadine. Jetzt sag doch erst mal, was
los ist. **3** Du weißt doch: Meine Mutter hat einen
Kanarienvogel, den sie heiß liebt. **4** Ach ja. Du meinst
Hansi. **5** Genau. Meine Mutter wollte übers Wochenende wegfahren und ich sollte mich um die Wohnung und
Hansi kümmern. Es war ziemlich heiß, deshalb habe ich
die Fenster geöffnet. Ich hatte nur leider vergessen, dass
ich Hansi auch aus dem Käfig gelassen hatte, damit er ein
bisschen herumfliegen kann. **6** Aha. Ich kann mir schon
denken, was kommt. Hansi ist aus dem Fenster geflogen.
7 Ja. Er ist seit gestern verschwunden. Ich habe alle Nachbarn gefragt, ob sie ihn gesehen haben. Ohne Erfolg. Ich
weiß nicht mehr weiter. **8** Beruhige dich doch. Er
kommt bestimmt zurück. Er weiß doch gar nicht, wie er
selbst Futter besorgen kann. Wie wäre es denn, wenn du
Futter rausstellst? **9** Hm, ja. Das kann ich ja mal

Lösungen

probieren. Meinst du, es funktioniert? **10** Bestimmt. Mach dir keine Sorgen. Pass auf, ich komme nachher zu dir und wir suchen noch mal zusammen nach ihm. Vier Augen sehen mehr als zwei. **11** Danke, Miriam. Du bist wirklich eine echte Freundin.

10 weil ich nicht mehr weiterweiß • meiner Meinung nach • wie ich es ihm sagen soll • Ich glaube • Ich möchte ihn nicht verletzen • für Ihren Rat

11 *Musterlösung:*
Liebe Frau Nägele,
ich verstehe, dass diese Situation für Sie schwierig ist. In einer Freundschaft ist Ehrlichkeit sehr wichtig. Ich glaube

nicht, dass Sie Ihren Kollegen verletzen, wenn Sie ihm sagen, dass die Badehose durchsichtig ist. Im Gegenteil! Er wird froh sein, dass Sie ihn darauf aufmerksam machen. / Meiner Meinung nach sollten Sie ihm nichts sagen. Wenn er zu Hause seine Badehose nicht mal genauer ansieht, ist er selbst schuld. Denn dann hat er die Brille ja auf, oder nicht?
Ich wünsche Ihnen, dass Sie den Mut finden, mit ihm zu sprechen. / Machen Sie sich keine Sorgen, er wird es schon irgendwann von selbst merken.
Viele Grüße
…

Lektion 13

1 **a** Im April 1949 wurde der Verein Societas Socialis gegründet. **b** Auf Flugblättern wurden die Österreicher um jeweils einen Schilling gebeten. **c** Noch im selben Jahr wurde mit dem Bau des ersten Hauses begonnen. **d** 1956 wurde das erste SOS-Kinderdorf in Deutschland eröffnet. **e** Schon bald wurden auf der ganzen Welt SOS-Kinderdörfer gebaut. **f** Heute werden Kinder in mehr als 470 SOS-Kinderdörfern weltweit betreut.

2 **a** niedrigere **b** friedlicheres **c** günstiger • vernünftigere **d** moderneres • besseren **e** höhere

3 **a** beschlossene **b** geliehenes **c** geforderten **d** gestiegenen **e** versprochene **f** hergestellte

4 **a** Parteien **b** Parlament **c** Abgeordnete **d** Bürgerinitiative **e** Minister **f** Mehrheit

Pause **a** 16 **b** Bayern **c** einen **d** 600 **e** der Bundespräsident **f** deutsche Staatsbürger

5 Im persönlichen Gespräch. • In E-Mails.

6 **a** ermöglicht den Bürgern mehr Kontakt zu Politikern. **b** bekommen Auskunft über die Ansichten von Politikern. **c** sind für jeden sichtbar und lesbar. **d** findet man persönliche Angaben zu allen Parlamentariern. **e** bietet einen Gesprächstermin am 20. März an. **f** müssen sich interessierte Bürger anmelden.

7 **a** richtig **b** falsch **c** richtig **d** richtig **e** falsch **f** falsch **g** falsch **h** falsch **i** richtig

8 **a** Ich halte nichts von einem Rauchverbot. **b** Ganz meine Meinung! **c** Im Gegensatz zu Deutschland gibt es bei uns keine Helmpflicht für Motorradfahrer. **d** Ich meine, dass jeder mehr Eigenverantwortung übernehmen sollte.

9 das ist in meinem Land genauso wie • ich finde es besser so, wie • Auch bei uns gibt es • Der Unterschied ist, dass • Meiner Meinung nach • In diesem Zusammenhang

10 versprochen • Können Sie mir erklären, wie • Verglichen mit anderen Ländern ist • Ich wünsche mir – ich erwarte • im Voraus für Ihre Antwort.

11 *Musterlösung:*
Sehr geehrter Herr Köhnlein,
warum gibt es in unserem Land kein einfaches Steuersystem? / ich verstehe nicht, warum ein einfaches Steuersystem in unserem Land nicht möglich ist. Verglichen mit anderen Ländern sind die Steuergesetze viel zu kompliziert. (Die versteht doch kein Mensch!) Können Sie mir erklären, warum das bei uns so sein muss? Ich wünsche mir niedrigere Steuern. Ich fordere von Ihnen, dass Sie sich für ein einfacheres Steuersystem einsetzen.
Mit freundlichen Grüßen

Lektion 14

1 1 b 2 a 3 b 4 c 5 b 6 c 7 b 8 a 9 c 10 b

2 1 D 2 B 3 X 4 F 5 G 6 A 7 E 8 C

3 1 richtig 2 c 3 falsch 4 b

4 **a** richtig **b** falsch **c** richtig **d** falsch **e** falsch **f** richtig **g** richtig **h** falsch **i** richtig **j** falsch **k** richtig

5 **a** zeigt einen Karnevalsumzug. **b** sind fröhliche Menschen zu sehen. **c** haben lustige Kostüme an. **d** das Foto in Deutschland gemacht wurde. **e** habe ich bis jetzt nur hier gesehen.

6 **a** gehört habe **b** weiß **c** persönlich **d** Bei uns **e** Meiner Ansicht nach **f** Der Unterschied ist **g** habe den Eindruck

7 **Reaktionen:** Also, ich habe da ganz andere Erfahrungen mit dem deutschen Karneval gemacht als du. • Ich verstehe nicht, dass du das so negativ siehst. • Wie interessant! Ich wusste gar nicht, dass der Karneval so

lange dauert • Ich bin überrascht. In der Schweiz war das ein bisschen anders. **Nachfragen:** Wann findet der Karneval bei euch statt? • Gibt es einen besonderen Brauch? • Welches Fest magst du denn am liebsten? • Mich würde interessieren, ob du auch den Karneval in der Schweiz kennst.

8 *Musterlösung:*
Sehr geehrte Damen und Herren,
mein Name ist … Ich habe bei Ihnen eine Reise durch Deutschland gebucht und beziehe mich auf Ihr Schreiben vom …, in dem Sie mir mitteilen, dass die Fahrt nach Lübeck ausfällt. Ich bin sehr enttäuscht über diese Änderung im Programm, denn auf Lübeck habe ich mich besonders gefreut. Ich bin der Ansicht, dass das Eierlaufen kein passender Ersatz ist. Deshalb bitte ich Sie, mir einen anderen Reisetermin vorzuschlagen. Vielen Dank im Voraus für Ihre Antwort.
Mit freundlichen Grüßen